A GALERIA DA FAMA DOS CIENTISTAS MALUCOS

DANIEL H. WILSON e ANNA C. LONG

A GALERIA DA FAMA DOS CIENTISTAS MALUCOS

Conheça as Mentes mais Geniais e
Perturbadas da História e da Literatura

Tradução
Carmen Fischer

Editora
Cultrix
SÃO PAULO

Título original: *The Mad Scientist Hall of Fame.*

Copyright © 2008 Daniel H. Wilson e Anna C. Long.

Publicado mediante acordo com Kensington Publishing Corp. 119 W40 Th St. Nova York NY 10018

Todos os direitos reservados. Nenhuma parte deste livro pode ser reproduzida ou usada de qualquer forma ou por qualquer meio, eletrônico ou mecânico, inclusive fotocópias, gravações ou sistema de armazenamento em banco de dados, sem permissão por escrito, exceto nos casos de trechos curtos citados em resenhas críticas ou artigos de revistas.

A Editora Pensamento-Cultrix Ltda. não se responsabiliza por eventuais mudanças ocorridas nos endereços convencionais ou eletrônicos citados neste livro.

Design da capa: Jill Boltin
Ilustrações: Daniel Heard

Coordenação Editorial: Denise de C. Rocha Delela e Roseli de Sousa Ferraz

Preparação de originais: Lucimara Leal da Silva
Revisão: Claudete Agua de Melo

Dados Internacionais de Catalogação na Publicação (CIP)
(Câmara Brasileira do Livro, SP, Brasil)

Wilson, Daniel H.
    A galeria da fama dos cientistas malucos : conheça as mentes mais geniais e perturbadas da história e da literatura / Daniel H. Wilson e Anna C. Long ; tradução Carmen Fischer. -- São Paulo : Cultrix, 2010.

    Título original: The mad scientist hall of fame.
    Bibliografia.
    ISBN 978-85-316-1100-1

    1. Ciências - Experiência - Estudo de casos 2. Ciência - História - Miscelânea 3. Cientistas - Biografia 4. Cientistas - Miscelânea 5. Cientistas - Psicologia 6. Personagens fictícios - Miscelânea I. Long, Anna C. II. Título.

10-11128
        CDD-509.2

Índices para catálogo sistemático:
1. Cientistas : Biografia 509.2

O primeiro número à esquerda indica a edição, ou reedição, desta obra. A primeira dezena à direita indica o ano em que esta edição, ou reedição, foi publicada.

Edição	Ano
1-2-3-4-5-6-7-8-9-10-11	10-11-12-13-14-15-16-17

Direitos de tradução para o Brasil
adquiridos com exclusividade pela
EDITORA PENSAMENTO-CULTRIX LTDA.
Rua Dr. Mário Vicente, 368 — 04270-000 — São Paulo, SP
Fone: 2066-9000 — Fax: 2066-9008
E-mail: pensamento@cultrix.com.br
http://www.pensamento-cultrix.com.br
que se reserva a propriedade literária desta tradução.
Foi feito o depósito legal.

Para Hazel Eve Wilson e Addison Edyn Carmody.

Sumário

Introdução   9

Esclarecimento   11

Com uma Queda para Dominar o Mundo   13

Dr. Evil   15

Trofim Lysenko   23

Dr. Julius No   33

Desbravadores Intrépidos do Grande Desconhecido   43

Auguste Piccard   45

Professor Calculus   54

Capitão Nemo   62

Estabeleceram Contato com Extraterrestres   71

Nikola Tesla   73

Lex Luthor   81

Fizeram Experimentos Científicos com Seres Humanos   91

Dr. Moreau   93

Dr. Stanley Milgram   101

Victor Frankenstein   111

Sidney Gottlieb   120

Morreram em Nome da Ciência   129

Dr. Seth Brundle   131

Madame Marie Curie   140

Dr. Henry Jekyll (e Mr. Edward Hyde)   151

Jack Whiteside Parsons   160

Não Malucos, mas Simplesmente Irados   171

Oliver Heaviside   173

Philo Farnsworth   183

Hubert J. Farnsworth   194

E você, quer saber se também é um cientista maluco?   205

Referências Bibliográficas   214

Agradecimentos   216

Introdução

Durante milênios, legiões de cientistas malucos trabalharam em laboratórios subterrâneos, invadindo o território dos deuses e fazendo ressoar noite adentro suas gargalhadas insanas. Apesar de a origem do moderno cientista maluco ter surgido na literatura clássica (como o caso do Dr. Frankenstein), ela permeia toda a trajetória da cultura pop até os filmes que fazem sucesso hoje (caso do Dr. Evil). E é graças às invenções de cientistas malucos de carne e osso que nós hoje desfrutamos de comodidades como a energia elétrica, a televisão e de toda a gama de tecnologia existente. Devemos muito a eles – quem mais manteria os super-heróis de nossas histórias em quadrinhos em ação, as nossas cidades do futuro à deriva e as nossas hordas de robôs em funcionamento? Mas, apesar de todo conforto e, também, do desconforto aterrorizante que os cientistas malucos nos proporcionaram, o que nós lhes oferecemos em troca?

Este livro que você está lendo homenageia os maiores gênios de mente atormentada da história nos verdadeiros moldes da ciência maluca – recorrendo aos princípios da psicologia forense para fazer a autópsia de suas mentes. Começando pelo desenvolvimento da criança e prosseguindo ao longo da adolescência e da vida adulta, nós vamos neste livro revelar o como e o porquê de seus planos abomináveis e infrações impiedosas contra as leis do homem e da natureza. Considere-o uma pequena amostra desses fascinantes homens e mulheres dotados de QI extraordinário, de moral duvidosa e sem nenhum receio de entrarem nas máquinas que criaram. E quem sabe, com sorte, poderemos em nossa descida às profundezas da psique dos mais temidos e respeitados cientistas malucos da Terra simplesmente encontrar uma pequena centelha de ciência maluca em nós mesmos.

Os critérios de seleção para o ingresso na Galeria da Fama dos Cientistas Malucos são simples medidas de genialidade e insanidade: os candidatos foram selecionados com base em sua apreensão duvidosa da realidade, como também por suas descobertas surpreendentes e invenções mortíferas. Foram atribuídos pontos a qualidades como inteligência e maldade, como também à velha e boa insanidade. Com efeito, os cientistas expostos nesta galeria da fama são dotados de uma mistura inusitada de descarado comportamento sociopático com uma superinteligência tão afiada que jamais nos decepciona. Na realidade, eles são os mais malucos dos malucos.

Equipados com as ferramentas da psicologia próprias para escarafunchar a mente humana, estamos prestes a embarcar numa jornada até as profundezas da mente desses cientistas malucos. Nesta empreitada científica, nós iremos, além de identificar e catalogar, nos espantar com as enfermidades sofridas pelos maiores gênios e monstros da história moderna. É isso que acontece quando os cientistas malucos são persuadidos a saírem de seus laboratórios e a se deitarem no divã do psicanalista. Coloque suas luvas de látex, proteja-se com um par de óculos e trate de encontrar um jaleco que *não esteja* coberto de manchas de sangue, pois estamos prestes a entrar nos respeitáveis corredores da... *Galeria da Fama dos Cientistas Malucos.*

Esclarecimento

As interpretações psicológicas apresentadas neste livro devem ser tomadas apenas como *hipóteses*. Nenhum teste de avaliação psicológica foi aplicado a nenhum dos cientistas malucos incluídos neste livro, seja ele real ou personagem de ficção. Tampouco foi feita qualquer observação direta dos sintomas psicológicos comportamentais ou funcionais dos cientistas malucos incluídos aqui (apesar de muitos deles terem sido vistos em ação em filmes). Não foi realizada nenhuma entrevista com nenhum dos cientistas malucos incluídos aqui, como tampouco com nenhum de seus criadores, familiares ou vítimas.

Os diagnósticos apresentados neste livro seguem os critérios descritos no *Diagnostic and Statistical Manual of Mental Disorder, Quarta Edição Revista (DSM-IV-TR)*, publicado pela Associação Americana de Psiquiatria. Esse manual faz uso de uma abordagem *multiaxial* dos diagnósticos. A maioria dos diagnósticos psicológicos está codificada dentro do Eixo I e inclui transtornos do humor, transtornos psicóticos e de ansiedade. Os transtornos de personalidade, que são considerados aspectos mais "permanentes" de funcionamento, estão codificados dentro do Eixo II. O Eixo III inclui desordens físicas ou alterações físicas. O Eixo IV descreve problemas psicossociais e condicionamentos do meio, como privações financeiras ou conflitos familiares. Finalmente, o Eixo V é codificado como a Avaliação Global do Funcionamento ou AGF, indicando o nível global de funcionamento numa escala que vai de 0 a 100.

É importante observar que, apesar de seguir os critérios do referido manual, nenhum dos diagnósticos apresentados aqui deve ser tomado como sendo de fato um diagnóstico médico ou clínico. Nenhum cientista maluco sofreu qualquer dano durante o processo de realização deste livro.

COM UMA QUEDA PARA DOMINAR O MUNDO

Um cientista maluco nunca pensa pequeno. Indivíduos normais treinam equipes de futebol e se preocupam com a responsabilidade que teriam se fossem promovidos a gerente na empresa em que trabalham. Os mais ambiciosos de nós podem chegar a sonhar em se tornar presidente do país. Mas os cientistas malucos da categoria que estamos tratando jamais se contentaram com tão pouco; eles almejaram muito mais, ou seja, o poder absoluto. As razões para isso são muitas: a posse de um poder de dimensões planetárias vem acompanhada de riqueza e respeito sem precedentes, além de mais estátuas dele do que há cinzéis para esculpi-las. E não esqueça nunca que as mulheres adoram homens com poder absoluto sobre a humanidade (e vice-versa).

Nesta categoria, ou setor da galeria, vamos explorar a mente de um grupo de cientistas malucos que tiveram os meios e o talento para fazer o mundo curvar-se a seus pés. Em cada um desses casos, sintomas de personalidade antissocial aparecem em combinação com traços de personalidade narcisista ou obstinada para criar indivíduos que são, no melhor dos casos, irritantes e, no pior, extremamente perigosos. Estejam eles empenhados em criar raios *laser* capazes de percorrer a órbita do planeta ou em enganar toda uma nação com informações falsas, esses cientistas malucos não se contentam enquanto não fizerem o mundo todo tremer ao seu mero olhar.

DR. EVIL

(Apareceu pela primeira vez como personagem do filme *Austin Powers: International Man of Mystery* [*Um Agente Nada Discreto*], 1997)

"Eu exijo a importância de... um milhão de dólares!"
Dr. Evil

Principais ambições: Dinheiro; dominação do mundo.
Cabelo: Careca.
Melhor amigo: Seu clone em miniatura.
Preferências: Lanches do tipo Hot Pockets ™.
Aversões: Seu próprio filho (Scotty).
Passatempo predileto: Desenhar roupas quase futuristas.
Formação: Seis anos na faculdade de medicina diabólica.

Genialidade:

Insanidade:

Introdução

Sendo talvez o mais frio, assustador e engraçado gênio lunático de todos os tempos, o Dr. Evil pode ser visto como um reflexo irônico do estereótipo do cientista maluco. Como o excêntrico Dr. Moreau,[1] o Dr. Evil está sempre acompanhado da miniatura de seu clone que serve como um lembrete narcisista de sua própria perfeição. Para o Dr. Evil, essa versão dele mesmo é um "Mini-Eu", uma réplica menor, mas geneticamente idêntica e completa do tamanho original. O Dr. Evil apresenta sintomas de *distúrbios de personalidade tanto antissocial como narcisista*. A comorbidade, ou coexistência desses distúrbios, é rara e pode ser extremamente perigosa para as pessoas inocentes que se encontram próximas do seu portador e que têm de interagir com sua personalidade psicótica. É provável que os problemas psicológicos do Dr. Evil tenham se originado na infância. De acordo com seu próprio relato, suas experiências de infância não foram nada positivas. Provavelmente, seus pais representaram o exemplo de pessoas manipuladoras que recorrem à violência em suas interações e é provável que o jovem Dr. Evil os tenha vivenciado como frios e desprovidos de sentimentos, além de punitivos. Sendo inerentemente mau e um bocado louco, o Dr. Evil deseja dominar a Terra ou destruí-la – o que vier primeiro. O único a dificultar seus planos é um agente secreto dentuço e de óculos chamado Austin Powers.

Retrato de um Cientista

Sabe-se muito pouco a respeito da infância do Dr. Evil, mas o que sabemos nos oferece pistas surpreendentes sobre as origens dos problemas psicológicos que ele enfrentou na vida adulta. De acordo com seu próprio relato, seu pai era um belga que, além de sofrer de narcolepsia, era dono de uma padaria e gostava de sodomia. O Dr. Evil relatou também que sua mãe, Chloe, era uma prostituta francesa com pés palmados. Ela tinha apenas 15 anos de idade quando o Dr. Evil nasceu. O pai do Dr. Evil demonstrava ser no mínimo um tanto narci-

---

1. Cirurgião maluco apresentado mais adiante.

sista, ao fazer afirmações extremamente pretensiosas, como a que se alardeava de ser o inventor do ponto de interrogação. O pai do Dr. Evil era mulherengo e vivia bêbado, costumava espancar o filho e era, de acordo com o consenso geral, um homem frio e extremamente desagradável.

Essas experiências de infância exerceram influências diversas sobre o Dr. Evil. A primeira e mais importante delas foi sua falta de *modelos* positivos (exemplos de comportamento) de interação entre as pessoas. Pais narcisistas (como o pai do Dr. Evil) costumam ser demasiadamente centrados em si mesmos para poderem prover amor e afeto incondicionais a seus filhos. Esse egocentrismo pode deixar os filhos sem nenhuma experiência do que é ser amado e aceito. Sem essa experiência – e especialmente quando a punição é severa –, os filhos crescem e se tornam adultos com necessidade constante de atenção e aprovação. Eles podem se mostrar extremamente criativos na manipulação de estratégias para conseguir satisfazer suas necessidades, uma vez que nenhuma das estratégias convencionais funcionou com seus pais. Pais narcisistas também podem ser demasiadamente centrados em si mesmos para poderem oferecer as devidas respostas empáticas quando seus filhos sentem dor ou são magoados, privando-os da oportunidade de aprender a se relacionar com os sentimentos dos outros. No caso do Dr. Evil, ele desenvolveu uma intensa ambição por poder e controle, que procura realizar sem nenhuma consideração pelos efeitos que seu comportamento possa exercer sobre os outros. Esse padrão de comportamento patológico afeta suas relações com seus inimigos, empregados e até mesmo com seu próprio filho.

Psicopatologia

O Dr. Evil exibe sintomas tanto de distúrbio de personalidade antissocial como de personalidade narcisista, ambos impossíveis de serem superados sem um tratamento intensivo. Seu nome [que em inglês significa "mal" ou "malvado"] é apropriado, uma vez que essas características são dominantes e podem ser observadas em padrões arraigados de comportamento que exercem uma influência extremamente negativa sobre suas relações com os outros (por exemplo, suas tendências homicidas). Ele apresenta os seguintes sintomas preocupantes:

Comportamentos antissociais de irritabilidade e agressividade, evidenciados em brigas e ataques físicos. De suas constantes irritações com seus empregados, o Dr. Evil costuma passar para a agressão. Quando sentado diante de sua mesa de trabalho, ele se compraz em ficar apertando pequenos botões vermelhos, fazendo com isso seus esforçados empregados saltarem automaticamente de suas cadeiras de encosto alto para dentro de crepitantes labaredas de fogo. Normalmente, eles morrem no ato, mas às vezes ficam apenas gravemente feridos.

Incapacidade de sentir remorso e empatia. A gargalhada maníaca do Dr. Evil indica que ele se diverte pensando no sofrimento dos outros. Ele não demonstra nenhum sinal de remorso quando lança seus empregados na fogueira e mostra-se positivamente *emocionado* (emoção expressa) quando agride o outro. Na verdade, o Dr. Evil parece desinteressado e totalmente incapaz de entender o ponto de vista de qualquer outra pessoa. Com frequência, ele ignora os pedidos de atenção e compreensão de seu próprio filho, mandando-o muitas vezes simplesmente calar a boca.

Atividades antissociais ilícitas. Quase todas as façanhas do Dr. Evil são ilícitas, inclusive a tentativa, embora não se restrinja a ela, de manter o planeta Terra refém para extorquir a soma de um milhão de dólares (posteriormente corrigida para 100 bilhões de dólares); como também suas agressões e tentativas de homicídio para "liquidar" os membros de seu próprio grupo de terapia e roubar o *mojo* (poder mágico) de Austin Powers. Quando informado do enorme sucesso financeiro de suas empresas legítimas, o Dr. Evil se mostra indiferente.

Senso de grandeza narcisista da própria importância. O senso inflado de sua própria importância torna-se mais evidente quando o Dr. Evil cria sua nave espacial sob medida com o propósito de fazer o congelamento criogênico de si mesmo para futuras explorações maléficas. É notável que o Dr. Evil se ache a única pessoa merecedora de ser congelada e preservada. A importância que ele dá a si mesmo aparece também desvirtuada na forma de suas naves espaciais – uma tem a forma de um "Menino" gigantesco e a outra tem a aparência curiosa de uma enorme genitália masculina.

Preocupação narcisista com fantasias de sucesso, dinheiro e poder sem limites. O Dr. Evil faz frequentes exigências de somas exorbitantes de dinheiro à Organização das Nações Unidas e ao presidente dos Estados Unidos. Quando participou como convidado do programa televisivo de Jerry Springer, o Dr. Evil expressou sucintamente sua ambição de poder ao girar um globo e declarar: "O mundo é meu!" para a câmera.

Relacionamentos adultos

As características antissociais da personalidade do Dr. Evil têm um impacto negativo sobre quase todos os seus relacionamentos. Extremamente exigente, ele espera que seus empregados executem tarefas ridiculamente difíceis, como equipar as cabeças de tubarões com raios *laser*. Quase todas as interações com Austin Powers acabam ou em gargalhada demente e tentativa de homicídio ou em fuga desesperada. Evidentemente, tudo o que o Dr. Evil exige de seus relacionamentos tem como propósito satisfazer as necessidades de seu próprio ego. Mas, infelizmente, as táticas antissociais que ele usa para satisfazer suas necessidades servem apenas para afastá-lo ainda mais das pessoas que poderiam lhe proporcionar relacionamentos interpessoais satisfatórios, uma vez que elas têm de lidar com ameaças iminentes às suas próprias vidas sempre que interagem com ele. Quando as exigências do Dr. Evil não são atendidas, ele fica emburrado feito uma criança e recorre a caprichos extravagantes para punir as pessoas.

É importante observar que são basicamente seus traços narcisistas, e não os antissociais, que interferem nos esforços do Dr. Evil para estabelecer uma relação com seu filho Scott. Embora o Dr. Evil se disponha inicialmente a participar com Scott de um grupo de terapia para pais e filhos, ele parece não levar a coisa a sério. Quando Scott confronta o Dr. Evil, acusando-o de não lhe dispensar o afeto que se espera de um pai, ele prontamente reconhece ter tentado matá-lo. Para piorar ainda mais as coisas, o Dr. Evil está sempre acompanhado de seu Mini-Eu, seu mal-humorado clone em miniatura. O Dr. Evil é excepcionalmente generoso com seu Mini-Eu, oferecendo-lhe Hot Pockets e fazendo vista grossa quando ele se mostra violento, subindo nas mesas e mordendo funcionários de alto escalão. O Dr. Evil compraz-se em tocar piano em dueto com seu Mini-Eu, mas ignora ou ridiculariza seu próprio filho.[2] O Dr. Evil chega a confessar que o Mini-Eu o completa e que ficaria inconsolável se tivesse de passar um mínimo de dez minutos longe dele. Vindo de um narcisista desprovido da capacidade de sentir empatia, isso é amor. Por outro lado, o Dr. Evil rejeita seu próprio filho, dizendo-lhe: "Você é a Coca Diet do mal, apenas uma caloria, não maléfica o bastante". Por fim, o Dr. Evil sabota todas as esperanças de progresso terapêutico para Scott, "liquidando" com todo o grupo de terapia. Uma última tentativa de reconciliação, realizada durante um episódio do programa de Jerry Springer, acabou desastrosamente numa tremenda batalha corpo a corpo, com Jerry Springer mordendo as panturrilhas do Dr. Evil.

Descobertas científicas

A despeito de o impacto negativo de seus problemas psicológicos afetar todos os seus relacionamentos, o Dr. Evil consegue explorar seu *status* de gênio do mal se cercando de um núcleo de cientistas brilhantes. O motivo que atrai os cientistas para as atividades da Virtucon, a corporação do mal do Dr. Evil, é a própria ambição de conquistar riquezas e poder. Eles parecem tolerar os desejos perigosamente caprichosos do Dr. Evil porque têm prazer em criar tecnolo-

---

2. Nessa cena memorável, o Dr. Evil está sentado diante de um piano de cauda com o Mini-Eu empoleirado sobre a tampa do piano com seu próprio piano de cauda em miniatura. Essa cena ridícula e repulsiva é quase idêntica à que se vê em *A Ilha do Dr. Moreau*, na qual uma das criaturas de mutação genética do Dr. Moreau toca piano em dueto com ele. O piano em miniatura que aparece nessa cena também é colocado sobre o piano maior.

gias maléficas e esperam tirar proveito de uma eventual dominação do mundo por ele. Juntos, os membros da equipe de pesquisas da Virtucon formam uma formidável coligação de mentes perversas. Sua genialidade criativa e intelectual evidencia-se numa série de contribuições inovadoras em campos como da física, da geologia e da biologia, com as seguintes invenções:

- Máquina do tempo em perfeito funcionamento.
- Sonda subterrânea com o propósito de explodir simultaneamente todos os vulcões da Terra.
- Armamento movido a raio *laser*, instalado na Lua, batizado como "Estrela da Morte".
- Saco de congelamento criogênico capaz de colocar as funções vitais de uma pessoa em suspensão temporária.
- Cadeira de comando um pouco excêntrica e com capacidade de suspensão hidráulica.

Além disso, o Dr. Evil e sua equipe de pesquisadores criaram uma base lunar e um covil vulcânico, façanhas que demonstram conhecimentos avançados tanto em geofísica como em navegação espacial. O Dr. Evil descreve melhor suas qualificações para o mal quando diz a seu filho: "Você sabe, Scott, que eu atuo como um maldito doutor do mal há trinta malditos anos, certo?"

Conclusão

Com toda essa série de empreendimentos científicos, os habitantes da Terra podem se considerar sortudos por continuarem vivos – apenas três coisas separam o Dr. Evil de sua ambição de dominar o mundo. A primeira delas é que, apesar de o espião Austin Powers e o Dr. Evil estarem condenados a uma eterna disputa para decidir quem é o mais inteligente de todo o século XXI, Austin de alguma maneira continua a frustrar os planos do Dr. Evil. A segunda é o fato de sua própria personalidade antissocial o levar a incinerar alguns de seus melhores cientistas, provocando com isso uma alta rotatividade na Virtucon (e eventuais atrasos na produção). E, por último, os traços narcisistas de sua própria personalidade fazem com que ele coloque frequentemente em prática seus planos criogênicos de autopreservação. Dessa maneira, ele se mantém intacto, mas em sua ausência, os habitantes da Terra têm tempo de se prepararem para enfrentar seu retorno inevitável.

Diagnóstico

Eixo I: Problema de relacionamento entre pai e filho.

Eixo II: Transtorno de personalidade antissocial; transtorno de personalidade narcisista.

Eixo III: Sem diagnóstico.

Eixo IV: Sem diagnóstico.

Eixo V: AGF ou Avaliação Global do Funcionamento = 55 – sintomas moderados: desafios sociais e ocupacionais; negligencia a família; com frequência hostil aos outros.

TROFIM LYSENKO

(1898-1976)

"Se não fosse o regime soviético, ele teria continuado a trabalhar como horticultor pelo resto da vida."
Pai de Lysenko (numa carta a Stálin)

Nacionalidade: Russa.
Principais ambições: Dominar toda a ciência russa; evitar aprender qualquer ciência.
Cabelo: Curto e lambido.
Preferências: Trigo; eliminar os concorrentes; a União Soviética.
Aversões: A genética de Mendel; o método científico.
Condecorações: A Ordem de Lênin, 1936.
Cargos: Presidente da Academia de Ciências Agronômicas.

Genialidade:

Insanidade:

Introdução

Trofim Lysenko foi um russo que, apesar de não ter nenhuma formação científica, conseguiu manipular habilmente o todo-poderoso da Rússia, Josef Stálin, levando-o a acreditar que era um gênio científico. Trofim nasceu em uma família de camponeses, mas a interferência do comunismo nas ciências deu a ele a oportunidade de desmantelar toda a infraestrutura científica de seu país. Usando a sua própria versão extravagante de metodologia científica, ele realizou experimentos bem-sucedidos e sempre conseguiu obter favores políticos de seus amigos. Entretanto, ele perseguia ferozmente os cientistas adversários, enviando muitos deles para campos de concentração, que eram conhecidos como *gulags*. Nesse processo, Lysenko fez a genética russa retroceder por mais de um século, assassinou ou aprisionou cientistas competentes e tornou-se um dos mais infames pseudocientistas de todos os tempos.

Retrato de um cientista

Trofim Lysenko nasceu na Ucrânia como filho de camponeses pobres. Como o primogênito de quatro irmãos, ele tinha de realizar muitas das atividades envolvidas no cultivo das terras de sua família e, consequentemente, só aprendeu a ler quando estava com 13 anos de idade. Em toda a sua vida, Trofim Lysenko frequentou cerca de cinco anos de escola: dois numa escola aldeã, dois numa escola de horticultura e um ano de curso por correspondência para obter graduação universitária em agronomia (estudo do cultivo da terra). Sem ser particularmente dotado, Trofim Lysenko teve inicialmente rejeitada a sua solicitação para ingressar no curso universitário de agronomia por ter sido reprovado numa parte do exame de admissão.[1] Posteriormente, ele obteve seu diploma em agronomia por meio de um programa de aprendizagem a distância e começou a trabalhar num pequeno centro de pesquisas agrícolas com a função de "especialista em seleção de beterrabas".

---

1. Essa parte do exame referia-se à Sagrada Escritura, o que, talvez, fosse um reflexo da moralidade de Lysenko.

Nessa função, Trofim Lysenko era um simples horticultor que ocasionalmente ensinava várias técnicas de cultivo aos agricultores locais. Foi também ali que Lysenko aprendeu os fundamentos das técnicas de enxerto de várias espécies de plantas para criar novos híbridos. Lysenko continuou na posição de notável horticultor até a idade de 27 anos. Ele poderia ter continuado como especialista em seleção de beterrabas se não tivesse se envolvido amorosamente com uma mulher casada, cujo marido acabou pressionando-o para que deixasse o lugar. O começo da derrocada da genética russa teve início quando o jovem Trofim Lysenko passou a trabalhar em Gyandzha, que era outra estação agrícola das proximidades.

Desastres científicos, falta de informações e espetaculosidade

Trofim Lysenko acreditava fervorosamente na ideia totalmente incorreta de que características adquiridas pudessem ser passadas para os descendentes. De acordo com a teoria de Lamarck, se uma pessoa que pratica levantamento de peso e, com isso, adquire bíceps enormes (uma característica adquirida), tiver um filho, este nascerá com mais massa muscular (transferida por herança). Enquanto no mundo inteiro os seguidores de Mendel haviam adotado e começado a aplicar a teoria da hereditariedade com base nos cromossomos – a ideia de que as características físicas sejam passadas adiante pelos genes – Lysenko rejeitou-a. Em lugar dela, ele acreditava que novas espécies de plantas pudessem ser criadas pela exposição da geração anterior de plantas a influências ambientais, como a temperaturas extremas. Essa ideia simplista encontrou ressonância entre as massas incultas e o talento publicitário do próprio Lysenko o ajudou a divulgá-la. A mensagem de Trofim Lysenko, de que a produção agrícola pudesse ser massivamente aumentada com inovações simples, era exatamente a que o povo russo queria ouvir, em lugar de complicadas comprovações científicas. A situação da produção agrícola soviética era extremamente precária, e Lysenko preencheu o vazio de esperança com sua própria marca de despautério.

Trofim Lysenko jamais teria conquistado o reconhecimento público se não fosse por um único jornalista, Vitaly Fyodorovich, que visitou a estação agrícola de Gyandzha onde ele trabalhava em 1926. Num artigo intitulado "As Lavouras de Inverno", Fyodorovich escreveu que Lysenko havia resolvido os problemas dos camponeses plantando sementes capazes de crescer no inverno, permitindo o desenvolvimento da pecuária e a fertilização dos campos para a plantação na primavera. Na verdade, as pesquisas de Lysenko tinham como objetivo fazer com que as plantas tivessem uma estação prolongada de crescimento; ele havia conseguido apenas cultivar um canteiro de ervilhas durante um inverno particularmente ameno. Sem dúvida, Trofim Lysenko sabia que o artigo havia exagerado seu sucesso no cultivo de plantas de inverno, além de exaltá-lo como um "homem do povo", que nunca havia pisado numa universidade repleta de intelectuais teóricos, mas "ido diretamente à raiz das coisas" em seu trabalho. Fyodorovich descreveu a estação agrícola como um lugar onde os alunos de Lysenko e os "teóricos da agronomia visitam no inverno, deparam-se com os campos verdes e agradecidos apertam sua mão". Essa primeira publicidade positiva estimulou a ambição de Lysenko a querer mais.[2]

Depois da publicação do artigo, Lysenko mudou o foco de suas experiências para expor as sementes a temperaturas extremas durante a germinação com base na hipótese de que essa "vernalização" fosse capaz de fortalecer as sementes o bastante para germinarem durante o rigoroso inverno russo. Apesar de essa hipótese não se basear em nenhuma pesquisa, com o tempo, as forças políticas e midiáticas passaram a apoiar incessantemente Lysenko, graças ao controle que o governo soviético exercia sobre os meios de comunicação e também ao próprio talento natural de Lysenko para se autopromover. Estabelecendo relações estreitas com os meios de comunicação e os jornalistas, esse maluco desprovido de qualquer formação científica conseguiu fazer com que suas ideias virassem notícia e os resultados de suas experiências fossem maquiados e enaltecidos. Trofim Lysenko e seu pai submeteram o processo de

---

2. Soyfer, V. (1994), 11. Num presságio irônico, o autor do artigo descreveu Trofim Lysenko como um homem sério, escrevendo que "a gente só se lembra de seus olhos lúgubres, perscrutando o chão com a expressão de alguém que, no mínimo, contempla o homicídio".

vernalização à experiência e fizeram uma única colheita. Foram publicados artigos enaltecendo o grande sucesso de Lysenko, mas com poucas evidências que pudessem sustentar a hipótese.

Trofim Lysenko chamou a atenção do Partido Comunista, por representar a contribuição de um homem comum ao trabalho coletivo e seu aperfeiçoamento. No final de 1929, por meio de um decreto especial do Comissariado de Agricultura da Ucrânia, Lysenko recebeu um grande laboratório num importante instituto agrícola da Ucrânia e foi com satisfação que ele deixou para trás suas raízes camponesas e seu pequeno centro de pesquisas. E assim, um homem com grande talento para a picaretagem e sem nenhuma formação universitária foi colocado num cargo de proeminência. Esse foi apenas o começo de seu reinado vitalício de terror.

Psicopatologia

Empurrado para dentro das grandes corporações científicas da Rússia, Trofim Lysenko logo passou a exibir sintomas de transtorno de personalidade antissocial, diagnóstico demasiadamente comum aos cientistas malucos obstinados em dominar o mundo. Ao longo de toda a sua carreira, Lysenko se deu bem com jornalistas e políticos, mas jamais se encaixou nos moldes dos verdadeiros cientistas. Muitos sintomas repulsivos desse transtorno se manifestaram ao longo de sua carreira.

Tomar o poder a qualquer preço. Os indivíduos dotados de personalidade antissocial podem infligir danos aos outros sem sentirem qualquer remorso. Em debates públicos, Lysenko perseguia sistematicamente e eliminava os cientistas que discordavam de seu ponto de vista, de maneira semelhante ao Dr. Evil.[3] Em uma conferência sobre agricultura, um cientista chamado Maksimov criticou a apresentação de Lysenko – procedimento normal num encontro científico. Lysenko tomou a crítica como ofensa pessoal e mais tarde

---

3. O Dr. Evil procura sistematicamente eliminar todo aquele que se opõe ao seu ponto de vista, inclusive seus colaboradores, seu próprio filho e todo um grupo de terapia.

arruinou Maksimov, mandando-o para a prisão por suspeita de atividades políticas subversivas.

O sucesso de Trofim Lysenko apenas fortalecia sua sensação de poder sobre os outros. Com a ajuda poderosa de Stálin e do Partido Comunista, ele conquistou a posição de membro da Academia Ucraniana de Ciências em 1934 e o cargo de presidente da Academia Lênin de Todas as Ciências em 1938. Contudo, Lysenko raramente publicou algum ensaio científico. Pelo que consta, suas produções pareciam mais exercícios de laboratório de escola secundária do que pesquisas avançadas.[4]

Lysenko raramente usava equivalências já publicadas para interpretar seus dados, presumivelmente por não saber como fazê-lo. Com o aumento de seu poder, entretanto, ele chegou a afirmar que as proposições da física e da matemática não tinham de qualquer maneira nenhuma serventia para os biólogos.

Sem receio de eliminar os concorrentes. Trofim Lysenko perseguiu sua carreira com disposição para eliminar todo aquele que se colocasse em seu caminho. Demonizado por Lysenko, o diretor do Instituto Nacional de Genética, Nikolai Vavilov, foi demitido por acreditar (corretamente) na ideia de que um organismo é formado por um mosaico de genes. Pior ainda foi Vavilov ter recebido a pecha de cientista "reacionário", que estava agindo com hostilidade contra o membro da academia soviética Lysenko. O instituto de Vavilov, com seus mais de quatorze especialistas em genética, foi desmantelado, suas publicações foram proibidas e Vavilov foi detido secretamente (a imprensa, controlada pelo regime soviético, divulgou que ele estava estudando a situação da agricultura nos Cárpatos). Vavilov foi torturado durante duas semanas até confessar sua participação em atividades antissoviéticas. Sua compulsória sentença de morte foi reduzida a vinte anos de prisão, onde ele morreu de fome. Enquanto isso, Lysenko assumiu garbosamente o controle do Instituto Nacional de Genética.

---

4. Em uma monografia escrita em 1929, Lysenko incluiu 110 páginas de tabelas com dados brutos – coisa que nenhum outro cientista faria.

Participa de assassinatos em série e de eliminações sumárias. Fazendo de Vavilov um exemplo, Lysenko destruiu muitos "ninhos inimigos" de cientistas. Tribunais especiais de "honra" foram designados para julgar aqueles que difamavam a pátria. Muitos cientistas foram parar na prisão por terem defendido abertamente seus pontos de vista com respeito à impropriedade do trabalho de Lysenko. Outros se livraram da perseguição, transferindo suas pesquisas para a Sibéria ou mudando totalmente de carreira. Lamentavelmente, as aspirações políticas e a tendência de Lysenko a fazer com que seus inimigos fossem barrados levaram a Rússia a perder muitos de seus cientistas mais proeminentes, como os seguintes:

- *Professor Zhebrak*, presidente da Academia de Ciências da Bielo-Rússia, concordou com as críticas às ideias de Lysenko feitas por um geneticista estrangeiro. Em consequência disso, Zhebrak foi processado e perdeu seu cargo de presidente, mas quando a polícia soviética invadiu sua casa, ele já havia fugido para se esconder com seus amigos.
- *A. K. Koltsov*, que havia prognosticado a estrutura de dupla hélice do DNA vinte anos antes de ela ter sido descoberta por Watson e Crick, perdeu seu cargo universitário.
- *Sergei Chetverikov*, o pai da genética populacional, morreu na prisão enquanto sua obra era enaltecida no mundo ocidental.

Mais de dez outros cientistas morreram em prisões e campos de concentração e outros tantos foram fuzilados em circunstâncias misteriosas.

Exibe uma personalidade carismática. Os indivíduos com distúrbio de personalidade antissocial costumam ser mais perigosos quando são carismáticos e sedutores. Lysenko conseguia sempre sair das encrencas por meio de suas manipulações. Em 1948, os cientistas finalmente sentiram-se seguros para criticar o ponto de vista de Lysenko sobre questões de hereditariedade, graças aos resultados irrefutáveis das pesquisas. Com seu talento para a espetaculosidade, Trofim Lysenko defendeu-se das críticas, dizendo que estava trabalhando num "projeto secreto" para desenvolver uma variedade de trigo híbrido. Na verdade, Stálin havia recebido amostras de trigo híbrido das fazendas da Geórgia e as dado pessoalmente para Lysenko. Notícias sobre essa nova façanha vazaram para a imprensa e Lysenko proclamou ser dele a ideia original de produzir trigo híbrido, embora sua prática já estivesse sendo observada e discutida há anos pela literatura agrícola. Esse novo reconhecimento permitiu que ele continuasse a sua perseguição antissocial aos geneticistas soviéticos. Em sua ambição desmedida por poder e dominação, Lysenko mandava queimar livros, proibia a publicação de artigos e, com isso, uma nação que era reconhecida como um dos principais centros de pesquisas do mundo foi cientificamente arruinada.

Obstinação e formação científica inadequada

No apogeu de seu poder, Lysenko apresentou uma série de ideias sobre agricultura que podem ser descritas da perspectiva científica como "profundamente estúpidas". Apesar de seu talento para manipular políticos, o fato de ele carecer de uma educação formal mostrou-se evidente nos verdadeiros círculos científicos por seu envolvimento numa série de práticas não científicas:

Promovia ideias sem apoiá-las em evidências. Stálin prometeu ao povo que ia mudar a paisagem soviética e massificar a sua produção agrícola. Com base nos dados de Lysenko, o plano incluía plantar faixas de florestas para bloquear ventanias, construir açudes para estimular a proliferação de vida selvagem nessas faixas florestais e transformar completamente a árida paisagem natural em que no momento eram cultivados trigo, beterraba e girassol. Trofim Lysenko defendeu os métodos de cultivo florestal e insistiu em que todas as florestas fossem cultivadas exatamente de acordo com o que ele sugeria (seis ou sete sementes colocadas em cinco a sete buracos agrupados). A explicação que ele dava para seu método de cultivo era a necessidade de tirar proveito da "disposição social" das plantas menores de um agrupamento da mesma espécie a perecerem. Ele não comprovou essa ideia com nenhuma evidência ou pesquisa. E como de costume, ninguém o contrariou.

Intrometia-se em assuntos fora de sua área de competência. Mesmo sem saber nada sobre ciência animal, Trofim Lysenko usou seu poder para promover ideias ridículas também nessa área. Numa conferência pública, Lysenko anunciou descaradamente que era muito provável que pássaros canoros tivessem dado origem a cucos depois de terem sido alimentados com a mesma ração. Ele também conduziu um projeto revolucionário que exagerava na dose de comida às vacas com a esperança de que as futuras vacas produzissem leite com maior quantidade de gordura. Nem é preciso dizer que isso não funcionou; as novas vacas produziram leite com a quantidade de gordura para a qual estavam geneticamente programadas.

Recusava-se a reconhecer a derrota diante de evidências irrefutáveis. Mesmo com o malogro evidente ano após ano dos vastos agrupamentos de plantas, Lysenko aferrou-se fanaticamente a seu plano. Apesar de seu plano de aumentar a quantidade de gordura no leite não ter alcançado nenhum resultado positivo, Lysenko prosseguiu teimosamente por anos com tais experimentos.

Conclusão

O geneticista britânico Ronald A. Fisher escreveu em 1948[5] sobre como Lysenko estava arruinando a ciência russa. Depois de examinar as evidências, ele declarou que Lysenko não estava interessado em fazer avançar a ciência nem em ajudar os camponeses pobres. Mas, Fisher concluiu, a recompensa que o trabalho de Lysenko lhe proporcionava era poder: "Poder para si mesmo, poder para ameaçar, torturar e matar". A ânsia de poder tinha suas raízes nos traços de personalidade antissocial de Lysenko e foi fortalecida por suas características obstinadas e pelo carisma que exerceu até sua morte por causas naturais, em 1976, em idade avançada.

---

5. Fischer, Ronald (1948). "What Sort of Man Is Lysenko?" *Listener*, 40:875.

Diagnóstico

Eixo I: Problemas acadêmicos; problemas ocupacionais.

Eixo II: Transtorno de personalidade antissocial.

Eixo III: Sem diagnóstico.

Eixo IV: Sem diagnóstico.

Eixo V: AGF ou Avaliação Global do Funcionamento = 60 – sintomas moderados: prejudica os outros; socialmente eficiente.

DR. JULIUS NO

(Veio ao mundo como protagonista do romance
Dr. No, de Ian Fleming, em 1958)

"Eu nunca falho, Mr. Bond."
Dr. Julius No

Origens étnicas: Chinesa e alemã.
Principais ambições: Conquistar o poder absoluto sobre toda a humanidade; manter a calma a qualquer preço.
Cabelo: Liso.
Traço futurista: Mãos biônicas de metal.
Preferências: Crab Key Island; champanhe cara; mobília moderna.
Aversões: James Bond; os governos dos Estados Unidos e da Rússia.
Filiações: Os Tongs, organização criminosa chinesa.

Genialidade:

Insanidade:

Introdução

Como o supervilão do primeiro filme oficial de James Bond, o Dr. No é um psicopata inesquecível que vive confinado numa ilha e sente prazer em torturar. Como todo supergênio do mal, o Dr. No explora seus trabalhadores indígenas, aprisiona os intrusos para divertir-se enquanto os mata e opera um reator nuclear em perfeito funcionamento em seu porão. Diferentemente de todos os cientistas malucos, o Dr. No transpira um estilo relaxado e uma calma gelada a despeito da provocação constante e extremamente rude de um tipo como James Bond. Tais níveis elevados de inteligência e controle (para não mencionar suas potências nucleares) são armas perigosas nas mãos de um cientista que exibe sintomas graves de transtorno de personalidade antissocial e narcisista. Não é de surpreender que o Dr. No acabe se revelando um agente da malfadada organização S.P.E.C.T.R.E.[1] Como o Dr. No estava conspirando para dominar o mundo (e era muito capaz de consegui-lo), por sorte ele acabou liquidado pelas mãos de Bond – James Bond.

Retrato de um cientista

O Dr. No descreve a si mesmo como o "filho indesejado de um missionário alemão com uma garota chinesa de boa família" e, de acordo com os registros, ele nasceu em Pequim e foi criado por uma tia.[2] Segundo o próprio Dr. No, seu pai o rejeitava friamente, a ponto de ele adotar outro nome como um gesto simbólico do ódio que nutria pelo pai. Desconhece-se o nome original do Dr. No, mas "Julius" era o primeiro nome de seu pai. Num gesto ostensivo de rejeição ao próprio pai, o Dr. No escolheu ser chamado pelo sobrenome "No".

A despeito das dificuldades iniciais, o Dr. No foi uma criança brilhante que obteve bons rendimentos escolares. Ele recebeu uma boa educação em seus anos de crescimento na China, apesar de seu envolvimento com uma poderosa organização criminosa chamada a Quadrilha dos Tongs. Não se sabe ao cer-

---

1. S.P.E.C.T.R.E. corresponde a "Special Executive for Counterintelligence, Terrorism, Revenge, and Extortion" ou "Comando Executivo de Contra-Espionagem, Terrorismo, Vingança e Extorsão".
2. Essa árvore genealógica é, *grosso modo*, espantosamente semelhante à do famigerado Dr. Evil.

to onde o Dr. No obteve seus conhecimentos de energia atômica e ciências nucleares, mas ele deve ter se submetido a algum nível de formação universitária nessas matérias. Sabe-se que ele frequentou por um tempo a faculdade de medicina de Wisconsin e que começou a se atribuir o título de doutor depois de deixar a faculdade (apesar de nunca ter se formado).

Façanhas científicas e criminosas

Com base em suas realizações científicas, a formação básica do Dr. No deve ter sido em ciências nucleares. Entretanto, não existem evidências de que ele alguma vez tenha trabalhado para a indústria nuclear. Em Xangai, o Dr. No trabalhou como tesoureiro da Quadrilha dos Tongs. Promovido aos altos escalões, ele acabou conseguindo entrar clandestinamente na cidade de Nova York, onde participou da direção do segmento americano da Quadrilha dos Tongs. Participar de uma organização criminosa não bastava para satisfazer as ambições de poder do Dr. No e ele acabou roubando uma quantia significativa de barras de ouro da Quadrilha.[3] Para dizer o mínimo, os Tongs não estavam mais interessados em mantê-lo na organização depois desse incidente.

Pelo que a narrativa deixa transparecer, o Dr. No procurou emprego tanto junto ao governo dos Estados Unidos quanto da Rússia, mas foi rejeitado por seu currículo de crimes e, com isso, forçado a prosseguir em sua carreira de alta periculosidade. A S.P.E.C.T.R.E. é uma organização terrorista cuja principal missão é dominar o mundo, fazendo com que as superpotências mundiais lutem entre si.[4] Como membro da organização criminosa S.P.E.C.T.R.E., o Dr. No refugia-se no laboratório secreto instalado numa ilha da Jamaica.[5]

---

3. Especula-se que a quantia roubada pelo Dr. No esteja avaliada entre um e dez bilhões de dólares em barras de ouro.

4. Foram provavelmente os cientistas da S.P.E.C.T.R.E. que deram ao Dr. Evil e seus comparsas a ideia de chamar sua organização criminosa com o nome irônico de "Virtucon".

5. O Dr. No não é o único cientista maluco a retirar-se para uma ilha para manter suas atividades em segredo. O Dr. Moreau e o Capitão Nemo também escolheram ilhas inexploradas para sediar suas operações.

Como criminoso ilhado, o Dr. No começa finalmente a mostrar seus verdadeiros talentos científicos e manipuladores. Seguindo o exemplo da Quadrilha dos Tongs, ele monta um negócio de mineração para encobrir suas atividades ilícitas.[6] Ele recruta trabalhadores de descendência chinesa que são leais a ponto de sacrificarem suas vidas para habitarem espaços incrivelmente modernos seguramente incrustados nas rochas da ilha. Toda a operação é fisicamente fortificada pelas rochas, mas também socialmente fortificada por uma rede intricada de mentiras e manipulações. O Dr. No mantém controle rígido sobre as idas e vindas de seus empregados e espalha o boato de que um dragão perigoso vive na ilha, com isso espantando os moradores. Finalmente, o Dr. No se esconde para falar com seus empregados, mantendo com isso a ideia de dis-

---

6. O Dr. No oculta suas atividades por trás de um negócio lucrativo de esterco de aves marinhas.

tância e de poder sobre eles. O doutor constrói rapidamente um reator nuclear que começa a operar perfeitamente na ilha, usando-o para alimentar seus planos perversos. Lamentavelmente, ele usa seus conhecimentos de energia atômica para fins maléficos, destruindo a distância os foguetes norte-americanos, roubando armas nucleares e matando os agentes secretos britânicos. O Dr. No demonstra ter um considerável conhecimento de venenos.[7] A certa altura, ele paralisa James Bond com um veneno e, quando um trabalhador falha em sua tentativa de matar James Bond conforme fora instruído, o Dr. No mata-o com uma aranha venenosa. Além disso, os trabalhadores recebem cigarros contendo cianureto para que possam cometer suicídio antes de divulgarem os segredos. Como era de se prever, o Dr. No prefere usar seus conhecimentos científicos para destruir e matar as pessoas a aplicá-los em projetos produtivos de física nuclear.

Psicopatologia: as causas da agressividade

Como muitos outros cientistas malucos, o Dr. No exibe sintomas do transtorno de personalidade antissocial, num padrão permanente de desrespeito e violação aos direitos dos outros em todos os sentidos.[8] Atitudes agressivas que indicam descarado desrespeito pela segurança de outras pessoas constituem uma importante característica desse transtorno, e o Dr. No as exibe em muitas ocasiões. Ele envenena um colega cientista, ataca várias vezes James Bond durante uma briga repleta de ação e dá ordens severas para que seus empregados agridam fisicamente e matem curiosos inocentes. No caso do Dr. No, muitos fatores provavelmente contribuíram para seu comportamento agressivo.

Rejeitado pelos pais. Existem evidências substanciais de que o Dr. No foi extremamente *rejeitado pelos pais*, sofrendo a falta ou a recusa deles em dar-lhe carinho, amor ou afeto. Ele foi criado por uma tia e obviamente escolheu seu no-

---

7. Sidney Gottlieb também possuía evidentes conhecimentos avançados de venenos.
8. Ver Dr. Evil (páginas 15-22) para um entendimento mais completo dos sintomas do transtorno de personalidade antissocial.

me para hostilizar seu pai, Julius. Estudos indicam que, quando as crianças chegam à adolescência, a *percepção* que têm da rejeição dos pais as leva a tornarem-se mais depressivas e agressivas. Com base em suas próprias descrições, o Dr. No percebeu obviamente que seus pais o rejeitavam e isso provavelmente precipitou suas atitudes hostis e agressivas para com os outros. Além do mais, as crianças rejeitadas pelos pais tendem mais provavelmente a ter dificuldades para estabelecer relações afetivas de intimidade. Isso pode ser verdade com respeito ao Dr. No, uma vez que ele não parece ter estabelecido qualquer relação de intimidade no refúgio solitário de sua romântica ilha.

Rejeitado em sua vida adulta. A experiência do Dr. No de ser rejeitado continuou por toda sua vida adulta, sendo então rejeitado por muitos de seus empregados. Quando uma pessoa se sente continuamente rejeitada, ela tende a desenvolver uma visão negativa do mundo em sociedade. Essa *visão de mundo* é a crença inquebrantável de que as outras pessoas são hostis ou ameaçadoras. Indivíduos com visões de mundo negativas, como o Dr. No, têm maior tendência a apresentar comportamentos agressivos – como uma maneira de antecipar o ataque a um mundo que tantas vezes lhes foi injusto.

Exposição à criminalidade. O Dr. No se envolveu com uma organização criminosa (a Quadrilha dos Tongs) desde muito cedo, o que provavelmente o levou a testemunhar atos de violência em muitas ocasiões. A participação em gangues é em parte induzida pela ausência de vínculos familiares ou escolares e esse foi, certamente, o caso do Dr. No. A exposição a situações de violência provê as pessoas jovens de *modelos* (exemplos de comportamento) de atitudes agressivas e violentas que passam a ser seus *modelos mentais* (exemplos internalizados de comportamento) e a fazer parte de sua visão de mundo.

Senso inflado de valor próprio. O Dr. No apresentava também uma série de sintomas do transtorno de personalidade narcisista, que contribuiu ainda mais para seu comportamento agressivo. Os indivíduos portadores desse transtorno têm um senso aumentado de importância e grandiosidade próprias. No caso do Dr. No, isso se torna mais evidente quando ele interage com James Bond. Durante toda a conversa entre os dois, o Dr. No mostra-se totalmente dono da situação. Essa atitude parece provir de certa postura de distanciamento e superioridade narcisistas. O Dr. No também passa a ideia de que acredita ser mais inteligente do que os líderes de todas as superpotências, um evidente sintoma narcisista de se acreditar muito especial, único e importante. Para alimentar suas tendências narcisistas, o Dr. No requer demasiada admiração e dá enorme valor a ser tratado com respeito. Quando as pessoas não o admiram na medida esperada e não reconhecem a sua genialidade, suas tendências agressivas assumem o comando para ajudá-lo a fazer vingança. Dessa maneira, as tendências narcisistas do Dr. No contribuem diretamente para seu comportamento antissocial e agressivo. Tomados em conjunto, os sintomas psicológicos do Dr. No o transformam num criminoso eficiente e de alta periculosidade.

Mãos biônicas que põem sua vida em perigo: dextrocardia ou explosão nuclear?

Numa incomum (e talvez inevitável) falta de bom gosto, o Dr. No ostenta um par de mãos biônicas de metal encobertas com luvas pretas de borracha. Essas mãos o dotam das *habilidades motoras brutas* necessárias para a coordenação apropriada entre o cérebro e os grandes grupos musculares do torso, dos braços e das pernas e possibilitam movimentos como correr, saltar e passar de uma extremidade a outra. Durante um jantar que tinha tudo para ser civilizado, o Dr. No demonstra a força espantosamente esmagadora de suas mãos. Para azar seu, essas poderosas mãos metálicas o tornam menos eficiente em situações que exigem *habilidades motoras refinadas* para a coordenação apropriada entre o cérebro e os músculos pequenos, como os da boca, das mãos e dos dedos. Essas habilidades motoras refinadas nos possibilitam realizar atividades como escrever, girar a maçaneta da porta e comer sem que os alimentos caiam da boca. Apesar de aumentar sua força, é bem provável que se o Dr. No pudesse escolher, ele preferiria ficar com suas mãos humanas originais.

As informações com respeito às circunstâncias que causaram a perda de suas mãos são controversas. Numa versão da história, ele perde as mãos numa explosão nuclear. Em outra mais complicada, a Quadrilha dos Tongs prende e tortura o Dr. No para tentar recuperar as barras de ouro que ele havia roubado. Como o Dr. No recusou-se a informá-los, os Tongs deceparam suas mãos e deram-lhe um tiro no peito, abandonando-o à morte. Por um golpe de sorte, o Dr. No sobrevive, graças ao fato de ser portador de uma doença conhecida como *dextrocardia*, anomalia em que o coração se encontra no lado direito do peito. Pelo que consta, esse incidente induziu o Dr. No a ingressar na faculdade de medicina, para aprender a criar mãos protéticas para si mesmo e transformar-se no Dr. No.

Para a infelicidade do Dr. No, o controle motor refinado é crucial para a realização de uma série de atividades corriqueiras que envolvem pegar, segurar e manusear pequenos objetos. Finalmente, as grosseiras mãos protéticas do Dr. No o levaram a ter uma morte extremamente dolorosa. James Bond e o Dr. No caem na caldeira de água do reator nuclear do Dr. No depois de Bond ter avariado seu funcionamento. Bond consegue escapar agarrando-se a uma grade de metal e arrastando-se para fora. Por sua deficiência física, o Dr. No não consegue arrastar-se para fora da água – suas mãos são desajeitadas demais para agarrar-se à grade. E assim, o Dr. No morre cozido.

Conclusão

O Dr. No foi vítima de próteses precárias e de fria indiferença, além de sintomas de transtornos de personalidade antissocial e narcisista. Seus conhecimentos de física nuclear eram avançados, mas restritos a aplicações relativamente perversas e careciam de inovação. A rejeição pelos pais sofrida pelo jovem Dr. No parece ter sido mais tarde acrescida de mais rejeição, levando-o a se envolver em atividades criminosas e a atacar os outros. Isso é lamentável, porque sem a presença desses distúrbios psicológicos que o mutilavam, o Dr. No poderia facilmente ter usado sua inteligência e capacidade de reflexão para fazer importantes descobertas científicas ou desenvolver negócios lícitos e lucrativos. A despeito de suas falhas, entretanto, o Dr. No criou o modelo para todos os brilhantes supervilões do futuro – ele se vestia impecavelmente, era um incrível decorador de interiores e mestre em manipulações a sangue frio.

Diagnóstico

Eixo I: Problemas ocupacionais.

Eixo II: Transtorno de personalidade antissocial; transtorno de personalidade narcisista.

Eixo III: Dextrocardia; amputação de ambas as mãos.

Eixo IV: Sem diagnóstico.

Eixo V: AGF ou Avaliação Global do Funcionamento = 45 – deficiência grave: tendências homicidas; frieza e indiferença; ausência de amigos.

DESBRAVADORES INTRÉPIDOS DO GRANDE DESCONHECIDO

O corpo humano pode ser frágil e delicado, mas a mente de um cientista maluco é um majestoso e imponente exemplo dos prodígios da natureza. Por dominarem a capacidade de malabarismo mental, certos cientistas malucos conseguem transformar devaneios teóricos em invenções concretas. Essas invenções – sejam elas de potentes equipamentos nucleares ou inteligentes dispositivos eletrônicos de proteção – têm o poder de levar seus frágeis criadores humanos até a beira do abismo e, mais importante, trazê-los de volta.

Neste capítulo, vamos seguir no encalço dos cientistas malucos que desafiaram a vida e a morte na escalada do próximo pico montanhoso. Diferentemente dos estereótipos de cientistas que fazem vigília trancados em laboratórios, esses desbravadores intrépidos adentram o mundo da natureza em busca de aventura. Suas descobertas não resultam de observações com a ajuda de microscópios ou telescópios, mas de expedições aos últimos recônditos do mundo natural – lugares que até então estavam fora do alcance da humanidade. Apesar de não necessariamente sensatos, esses cientistas malucos são corajosos; eles são levados a arriscar a própria vida em empreitadas não em busca de poder, mas de conhecimento.

AUGUSTE PICCARD

(1884-1962)

"Fumar, sim, é um hábito prejudicial que deveria ser banido dos Estados Unidos pelo governo, e não o hábito de beber com moderação."
Auguste Piccard (durante a vigência da Lei Seca)

Nacionalidade: Belga nascido na Suíça.

Principais ambições: Subir mais alto do que a mais alta montanha e descer mais fundo do que o oceano mais profundo.

Pescoço: Notavelmente fino e longo.[1]

Cabelo: Uma versão caricata do estilo que ficou conhecido como "mullet da ciência".[2]

---

1. A imprensa referia-se a Auguste Piccard como "pescoço de pássaro". O cartunista Hergé chamou seu personagem, o Professor Cuthbert Calculus, de Mini-Piccard, referindo-se ao pescoço longo do verdadeiro Piccard como o obstáculo que o impedia de reproduzi-lo com perfeição dentro dos moldes de seus quadrinhos.
2. Ver Professor Calculus, páginas 54-61.

Protetor de cabeça: Cesto virado para baixo, usado como capacete de proteção.

Golpe de gênio: A invenção da cabine pressurizada para voos de balão.

Aversões: Nível do mar; a imprensa; cigarros.

Irmão gêmeo: Jean Felix Piccard, químico, aeróstata e engenheiro aeronáutico.

Condecoração: Cavaleiro da Ordem Belga de Leopoldo.

Genialidade:

Insanidade:

Introdução

Conhecido como o "Almirante do Abismo", Piccard subiu a grandes altitudes e desceu a profundezas inexploradas, sendo o pioneiro na construção tanto de balões de grande altitude quanto de batômetros (ou batiscafos), hoje conhecidos como submarinos. Os fãs de *Jornada nas Estrelas* poderão reconhecer o verdadeiro cientista e explorador no personagem homônimo de Capitão Jean-Luc Piccard, também um intrépido explorador.[3] Assim como o comandante da *Nave Espacial Enterprise*, Auguste era zeloso mas também um tanto quanto severo. Os empreendimentos científicos de Piccard, com seus recordes de altitude e profundidade, foram noticiados como sensações pela imprensa de toda a Europa. Como um cientista normal que chamava para si a atenção do mundo, Auguste conseguiu ocultar suas ansiedades sociais por trás de sua fachada de famoso e excêntrico, colocando-se acima de sensacionalismos baratos.

Retrato de um cientista

Na família de origem de Auguste havia muitos cientistas e aventureiros. Seu

---

3. Jean-Luc Piccard recebeu esse nome em homenagem a Auguste e a seu irmão Jean Felix.

pai, Jules Piccard, era professor de química, e seu tio, Paul Piccard, especialista em hidrelétricas. Mergulhados desde o nascimento num ambiente que transpirava ciência, tanto Auguste quanto seu irmão gêmeo, Jean Felix, fizeram doutorado no Instituto Politécnico de Zurique. Depois de realizarem seu primeiro voo de balão em 1913, Auguste e Jean Felix tornaram-se aeróstatas da divisão aerostática do Exército Suíço, unidade encarregada de vigiar do alto os movimentos das tropas e de apontar a artilharia de fogo. A família Piccard instilou um gosto pela aventura em Auguste que se tornaria parte fundamental de sua personalidade.

Como outros cientistas malucos, Auguste envolveu-se em algumas trapaças quando criança; no entanto, a maioria dos cientistas malucos não tinha um irmão gêmeo.[4] Conta-se que Auguste aceitou certa vez a função de posar para um escultor e que Jean Felix o substituía secretamente quando ele precisava de uma pausa para descansar. Os irmãos Piccard eram pagos para posar, mas cada um tinha de manter-se imóvel apenas pela metade do tempo. Eles continuaram com suas travessuras pueris enquanto estudantes universitários. Auguste certa vez apostou com um barbeiro que este jamais teria visto uma barba que crescesse mais rapidamente que a dele. Logo depois de o barbeiro ter raspado a barba de Auguste, ele lhe mandou Jean Felix, que não fazia a barba havia três semanas. Auguste e Jean Felix continuaram tramando juntos grandes estratagemas até a vida adulta.

A curiosidade impulsiona a invenção, a inovação e a celebridade

O propósito inicial de Piccard ao projetar um balão era coletar dados sobre a intensidade dos raios cósmicos da estratosfera (a uma altitude de aproximadamente 16 quilômetros). Ele supunha que os raios cósmicos se tornassem mais intensos à medida que o balão se afastasse da atmosfera terrestre, mas não havia nenhuma comprovação disso. Foi sua curiosidade diante de uma questão científica –

---

4. O psicólogo Stanley Milgram também se envolveu em trapaças com o irmão.

não a necessidade de se mostrar um indivíduo temerário – que levou Piccard a inventar uma máquina flutuante capaz de manter um ser humano vivo na estratosfera. Estar desprotegido na estratosfera não é nada divertido: primeiro, a pessoa sangra pelas orelhas, nariz e boca, e, em seguida, morre sufocada. Em 1930, Piccard inventou a cabine pressurizada, que mantém a pressão atmosférica normal no nível do mar, independentemente da altura em que o balão estiver.

Como outros cientistas malucos, Auguste não tinha receio de testar suas próprias invenções. Enquanto os espectadores duvidavam que sua cabine pressurizada fosse continuar à prova de ar em grandes altitudes, Auguste não hesitou em arriscar a própria vida. Em 1931, ele subiu em seu balão hermeticamente fechado para um voo de 17 horas, acompanhado de seu jovem ajudante de pesquisas, Charles Kipfer, estabelecendo o recorde de altitude mundial para a época (1.578 metros, altitude muito maior do que voam os aviões atualmente).[5] O voo era arriscado, mas os homens usavam cestos de vime virados para baixo e forrados com almofadas para proteger a cabeça. Infelizmente, o voo levou mais horas do que Auguste havia previsto devido a um problema no equipamento. Boatos percorreram a Europa dizendo que os homens estavam vagando num caixão aéreo. Na realidade, a ideia brilhante de Piccard de pintar o lado externo da gôndola de preto havia resultado numa temperatura de mais de 40 graus em seu interior – apesar de fazer 23 graus negativos no espaço externo da estratosfera. Por fim, Piccard e Kipfer acabaram ficando sem água e foram forçados a fazer uma aterrissagem inesperada no meio da noite sobre uma geleira. Os aventureiros passaram a noite trabalhando em seu equipamento antes de surgir o grupo de resgate que os ajudou a descer a montanha.[6]

Os voos de Auguste receberam um volume surpreendente de atenção da imprensa. Como Marie Curie, ele era vítima constante do assédio dos *paparazzi*.[7] A imprensa o aguardava em suas aterrissagens, ávida por saber detalhes

---

5. Um ano depois, Auguste quebrou seu próprio recorde num voo a uma altitude de 1.620 metros.

6. Conta-se que os pais de Kipfer o proibiram de embarcar no vôo seguinte de Piccard.

7. Marie e Auguste também tinham em comum o fato de terem Einstein como amigo e colega. Marie participou de conferências com Einstein, enquanto Auguste consultou Einstein sobre a melhor maneira de registrar informações radioativas em seus balões.

de suas aventuras, como que dificuldades havia enfrentado nas alturas. A atenção dispensada a Auguste pela imprensa era em geral positiva, apesar de um pouco maldosa. A imprensa não se cansava de explorar o caráter cativante de Piccard, descrevendo-o como agitado, desconcertado, frágil, espigado, peludo, delgado e até "pescoço de pássaro". Quando Piccard zombou da ideia de outro cientista de que o vento soprava apenas na direção leste na estratosfera, ele foi citado. Quando ele deu uma boina a seu sobrinho, o fato foi transformado em notícia. Em 1933, a imprensa estava tão interessada em Auguste que a coluna "People" da revista *Time* noticiou quando ele cortou seu "torvelinho de cabelos".[8] Auguste continuou quebrando recordes de altitude, coletando dados importantes sobre a atmosfera e tendo seu cabelo mencionado na imprensa por todos os anos da década de 1930.

Os anos de arriscados voos em grandes altitudes foram extremamente divertidos para Piccard, mas exaustivos para sua esposa. Finalmente, ele jurou a ela que nunca mais empreenderia um voo de balão para a estratosfera. Afortunadamente, essa foi a oportunidade que ele teve para se entregar a um de seus sonhos de infância. Da mesma maneira que Philo Farnsworth havia concebido pela primeira vez a televisão quando ainda era estudante, Auguste Piccard sempre havia sonhado com uma nave submarina que permitisse ao cientista navegar livremente sob as águas.[9] Do ponto de vista científico (e de segurança), o problema envolvendo o batômetro era muito mais difícil do que o do balão. Durante a maior parte da década de 1930, a exploração submarina exigia que o batômetro fosse amarrado a um navio maior e apenas o movimento vertical era possível, uma vez que as hélices (para o movimento horizontal) e os sistemas de lastros (para movimentos para cima e para baixo) ainda não haviam sido combinados. Depois de passar anos pesquisando e testando um grande número de combinações, Piccard finalmente conseguiu criar um modelo que

---

8. Com a quantidade de atenção que Piccard recebeu da imprensa, não é de surpreender que Hergé tenha baseado nele a criação de seu Professor Calculus. Um artigo de 1932 ("Sentimental Journey", publicado na revista *Time* de 29 de abril) chegou a dizer que Auguste parecia corresponder "exatamente à ideia que os cartunistas fazem de um cientista".

9. O Capitão Nemo projetou uma nave submarina semelhante, embora fosse menos motivado pelo desejo de explorar do que pela necessidade de fugir da face da Terra.

combinava os sistemas de lastros com um casco cheio de gás flutuante. Outra vantagem: a gôndola submarina não exigia que Piccard usasse um cesto virado para baixo e forrado com almofadas para proteger a cabeça.

Psicopatologia: ansiedade relacionada com o desempenho

Enquanto cientista colocado em evidência, Auguste Piccard manifestou uma série de sintomas de *fobia social*, também conhecida como *transtorno da ansiedade social*. Esse transtorno é relativamente comum entre a população em geral; até 13% dos adultos preenchem no decorrer de suas vidas os critérios que definem o distúrbio de ansiedade social. A ansiedade pode aumentar depois de situações de pressão e as viagens de Piccard para a estratosfera devem certamente ter contribuído. O transtorno de ansiedade social é definido como um medo persistente de situações sociais ou desempenho em que o indivíduo se expõe a pessoas desconhecidas ou a uma possível avaliação pública.

Medo da imprensa. Piccard temia ser questionado e avaliado pela imprensa e chegou a expressar diretamente esse medo em diversas ocasiões. Na expectativa de uma viagem a Manhattan antes de uma aventura de mergulho no fundo do mar, Auguste declarou que os repórteres eram os tubarões que mais o assustavam.

Medo de falar em público. Em pelo menos uma ocasião, Piccard manifestou seu medo de falar em público. Ele estava fazendo um discurso em Cleveland quando ocorreu algo de errado com o equipamento. Diante das risadas do público, consta que ele tenha mandado as pessoas se calarem. Ao ouvir os sons da apresentação musical que ocorria na sala ao lado, consta que ele tenha ficado gritando "pare!" até a apresentação ser adiada. Essas atitudes indicam certamente que Piccard estava notavelmente ansioso ante seu desempenho, a ponto de ficar nervoso, irritado e ríspido.

Medo de se expor à vergonha. Os indivíduos que sofrem de fobia social temem fazer algo vergonhoso ou humilhante. Piccard com certeza se preocupava com as opiniões que os outros tinham dele. Quando cortou sua cabeleira, apareceu de cabelo curto e foi indagado por que estava de "cara nova", Piccard respondeu prontamente aos repórteres: "Muitas pessoas viviam rindo da minha antiga cara".[10] Respostas como essa indicam um receio desproporcional das reações dos outros e, também, uma preocupação exagerada com o que os outros pensavam dele e de seu cabelo.

Como ele lidou com o medo. Normalmente, o transtorno de ansiedade social nem chega a ser diagnosticado, porque muitas pessoas conseguem ou evitar ou suportar as situações que provocam ansiedade. Os medos de Piccard podem ter-lhe sido inconvenientes algumas vezes, mas parecem não ter interferido de maneira significativa em sua vida e atividades cotidianas. Na realidade, o medo que Piccard tinha da imprensa não o impediu de usá-la em proveito próprio. Por exemplo, em 1937, Piccard procurou a imprensa para anunciar que estava atrás de uma empresa patrocinadora que pudesse prover os 60 mil dólares de seu próximo empreendimento aerostático. Ele recusava-se a aceitar dinheiro dos fabricantes de cigarros e bebidas alcoólicas, mas de acordo com as citações publicadas, ele disse: "Qualquer empresa fabricante de sabão, automóveis, aspiradores de pó ou o que quer que seja serve".[11]

Seguindo sua motivação: Auguste, o buscador de sensações

Apesar de mostrar-se ansioso por evitar a imprensa, Piccard não conseguia se manter longe da estratosfera. A maioria dos estudiosos de psicologia moderna acredita que nossa personalidade adulta seja parcialmente baseada em nossas tendências biológicas para *enfrentar* ou *evitar novos estímulos*. Estímulos novos são simplesmente quaisquer objetos que existem ao redor ou experiências novas ou desconhecidas proporcionadas pelo meio circundante. Como seres

---

10. "Names Make News", *Time*, 30 de outubro de 1933.
11. "Names Make News", *Time*, 19 de abril de 1937.

humanos, nós apresentamos uma série de diferenças individuais em termos de motivação para enfrentar ou evitar esses estímulos.

Essas tendências podem ser facilmente observadas nos três primeiros anos de vida de uma criança: certos bebês avançam prontamente para agarrar novos brinquedos atraentes, enquanto outros se escondem por trás das pernas dos pais. Crianças com alto nível de motivação para o enfrentamento, por exemplo, avançam diretamente para cima das grades que cercam os macacos, são atraídas pelo tilintar das chaves de um estranho e suplicam para andar nos brinquedos mais arrojados do parque de diversões. Em experimentos laboratoriais, crianças de 2 anos de idade são expostas a uma caixa incomum com um buraco do lado. As crianças com baixo nível de motivação para o enfrentamento se esquivam totalmente da caixa, enquanto as crianças com alto nível de motivação vão diretamente para o buraco, chegando às vezes a tentar enfiar o corpo todo dentro da caixa para explorá-la melhor. Essas tendências biológicas demonstram *estabilidade*, ou seja, a tendência da pessoa a permanecer a mesma ao longo do tempo, como a nossa predisposição infantil a gostar ou não gostar de novas sensações ajuda a formar a nossa personalidade adulta.

É provável que o alto nível de motivação para o enfrentamento seja uma característica básica da personalidade de Auguste. A mesma motivação que teria levado Auguste a querer entrar numa caixa incomum aos 2 anos de idade também o levou a entrar sem hesitar em batômetros e cabines de aeróstatos nunca antes testados. Um tipo de alto nível de motivação para o enfrentamento é conhecido como *busca de sensações*, que inclui a tendência a buscar e se comprazer com excitações e aventuras. Quando submetidos a experimentos, os indivíduos voltados para a busca de sensações apresentam diferentes reações fisiológicas a sensações desconhecidas, como a sons estranhos. Quando exposta a um som estranho, a maioria dos adultos fica assustada e seus batimentos cardíacos se aceleram. Entretanto, os adultos voltados para a busca de sensações reagem com uma desaceleração dos batimentos cardíacos ao ouvirem um som desconhecido, o que sugere que eles estão calmamente prestando atenção. Enquanto a maioria de nós reagiria com uma aceleração dos batimentos cardíacos, Auguste Piccard, sendo um buscador de sensações, provavelmente seguia calma e tranquilamente flutuando a milhares de metros de altitude na cabine pressurizada de seu balão.

Conclusão

A combinação singular de ansiedade social e busca de sensações fez de Piccard um sujeito suficientemente maluco para empreender aventuras com um misto equilibrado de cautela e despreocupação temerária. Por exemplo, Piccard beijou com estardalhaço a mão de sua mulher antes de partir num voo para a estratosfera em que arriscaria sua própria vida, mas posteriormente prometeu a ela que jamais voltaria a empreender voos para altitudes extremas. Disposto a cumprir sua promessa, mas também movido pelo desejo de explorar, Piccard passou dez anos projetando sua nave submarina para poder explorar as profundezas extremas. Os recordes alcançados por Auguste em profundeza submarina não o detiveram mais do que seus recordes em altitude; ele continuou aventurando-se nas profundezas e projetando naves submarinas até morrer de causa natural aos 78 anos de idade.

Diagnóstico

Eixo I: Distúrbio de ansiedade social.
Eixo II: Sem diagnóstico.
Eixo III: Sem diagnóstico.
Eixo IV: Exposição à pressão das alturas e das profundezas submarinas.
Eixo V: AGF ou Avaliação Global do Funcionamento = 90 – funcionamento de nível superior: ansiedade moderada; relacionamentos saudáveis; era solicitado pelos outros.

PROFESSOR CALCULUS

(Apareceu originalmente como protagonista da história em quadrinhos de Hergé, *O Tesouro de Rackham, o Terrível*, 1944)

"Por favor, fale um pouco mais alto. Estou com um pouco de dificuldade para ouvir."
Professor Calculus

Nacionalidade: Francesa.
Principais ambições: Fazer viagens espaciais.
Cabelo: A maior parte dos lados da cabeça.
Preferências: Patins de rodas.
Aversões: Cacetetes da polícia.
Apelido: Mini-Piccard.[1]
Condecorações: Cavaleiro da Grã-Cruz da Ordem de San Fernando com Folhas de Carvalho.

---

1. Esse apelido lhe foi dado por Hergé, o autor de histórias em quadrinhos que desenhou Calculus, com a explicação de que teve de reduzir o tamanho do verdadeiro Piccard para caber nos quadrinhos.

Genialidade:
Insanidade:

Introdução

O caquético Professor Cuthbert Calculus[2] é um adorável personagem caricato da série *Tintim* de histórias em quadrinhos de Hergé, mas foi inspirado na figura real do cientista Auguste Piccard. Como seu antecessor, o intrépido professor viaja para os confins da Terra dentro de sofisticadas geringonças metálicas. O Professor Calculus também exibe o ousado penteado estilo "mullet da ciência" de Auguste Piccard: com o topo completamente desprovido de cabelos e cachos revoltos atrás e dos lados da cabeça – visto de frente, é um cientista, e, de trás, um farrista. Cuthbert Calculus viveu uma vida de aventuras e intrigas, deixando muitas vezes o laboratório para partir em viagens de exploração e acabar sendo sequestrado por peruanos, *bordurianos* e até mesmo por aqueles malandros *sildavianos*. As viagens cômicas do diminuto professor são referências à vida real de Auguste Piccard e constituem um desafio à imaginação dos leitores.

Retrato de um cientista

Sabe-se muito pouco sobre a família e os estudos do Professor Calculus. Ele fez seu curso superior com o Professor Hércules Tarragon, grande conhecedor da América antiga, mas não há informações a respeito do que ele de fato estudou. É provável que ele tenha se sobressaído em uma vasta gama de ciências físicas. Ele tem evidentemente conhecimentos substanciais de engenharia mecânica, pelo que demonstra suas invenções de máquinas, veículos e armamentos sofisticados. Calculus também tem vastos conhecimentos de química nuclear e termodinâmica, os quais contribuíram para o desenvolvimento de

---

2. Nas versões originais francesas das *Aventuras de Tintim*, Calculus é chamado de Professor Tournesol – a palavra francesa que significa girassol. Literalmente, Tournesol significa "gira sol" e o professor parece ser atraído pelo poder do Sol e de todos os corpos celestes. Ao longo de sua vida, o Professor Calculus se depara com bolas de fogo em órbita, viaja até a Lua e quase morre em sacrifício ao deus-sol asteca.

suas naves espaciais. Em *Rumo à Lua* (publicado em 1953), o foguete movido à energia nuclear do Professor Cuthbert Calculus consegue levá-lo com êxito, juntamente com seus companheiros, até a Lua e trazê-los de volta. O Professor Calculus parece também conhecer bem as atividades do Sol e do sistema solar; ele é visto muitas vezes usando um pequeno pêndulo de ouro para encontrar tesouros perdidos (cuja precisão é discutível).

Inventor ousado

Apesar de ser antes de tudo um desbravador do grande desconhecido, também são atribuídas ao Professor Cuthbert Calculus muitas grandes e pequenas invenções (como, por exemplo, a "cama na parede", um arranjo que ele criou para economizar espaço em seu laboratório). Entre suas outras invenções estão uma máquina um tanto quanto perigosa de escovar roupas, um antídoto a um veneno químico, a televisão em cores,[3] um veículo lunar criado para explorar a superfície da Lua e até mesmo um par de patins de rodas com poderes extraordinários. O seu talento inventivo é às vezes uma desvantagem, como ficou demonstrado quando ele foi sequestrado pelos pérfidos bordurianos ansiosos por roubar os planos de suas mortíferas armas ultrassônicas.

Submarino à prova de tubarões. O Professor Calculus não é apenas um inventor brilhante, mas também um astuto e um tanto quanto sorrateiro homem de negócios. Em *O Tesouro de Rackham, o Terrível*, seu entendimento dos perigos do fundo do mar o leva a criar um submarino à prova de tubarões para fazer explorações submarinas. Ao construir o pequeno submarino de forma a parecer um tubarão de verdade, Calculus tira proveito de sua forma eficiente para proteger os exploradores submarinos dos ataques de tubarões assassinos. O Professor Calculus estava bem preparado, não apenas para construí-lo, mas também para vendê-lo. Sem nunca antes ter encontrado o jovem Tintim, Calculus enfrenta corajosamente o repórter quando se prepara para

---

3. Para mais informações sobre o verdadeiro inventor da televisão, ver Philo Farnsworth, páginas 183-193.

uma aventura de caça ao tesouro. Quando Tintim não se mostra convencido da necessidade de um submarino à prova de tubarões, Calculus simplesmente desmonta a máquina e passa sorrateiramente suas peças para o navio de Tintim. Quando Tintim descobre o que ele fez, muitos tubarões já rondam seu navio e, diante de sua presença, ele constata a impossibilidade de chegar ao tesouro sem o submarino em forma de tubarão. Além de incidentalmente salvar a vida de Tintim, Calculus também vende a patente do submarino para o governo por uma quantia substancial de dinheiro.

Invenções filantrópicas. Muitas das invenções do Professor Cuthbert Calculus foram feitas intencionalmente para beneficiar a humanidade e aliviar o sofrimento humano. Em *Tintim e os Pícaros*, ele recebeu o prestigiado (e prolixo) título de "Cavaleiro da Grã-Cruz da Ordem de San Fernando com Folhas de Carvalho" do General Alcazar, que não estava conseguindo derrubar o General Tapioca, porque Tapioca vivia despejando álcool nos acampamentos do General Alcazar e embriagando seus soldados. Calculus inventou uma pílula que fazia com que o álcool tivesse um gosto horrível, livrando com isso os homens de Alcazar de doenças hepáticas e poupando-os de morrerem em combate. Em *Rumo à Lua*, o Professor Calculus desenvolveu com êxito um outro antídoto, dessa vez a "Fórmula Quatorze", uma perigosa substância química derivada do petróleo que fazia aumentar as propriedades do óleo bruto, provocando com isso o surgimento de uma profusão de pelos, alterações na cor da pele e produção de incômodas bolhas verdes na boca (e possivelmente também em outros orifícios). A criação desses antídotos é um indício de que as invenções do Professor Calculus nem sempre eram motivadas exclusivamente por seu interesse pessoal.

Psicopatologia: problemas de atenção

A despeito de suas muitas e incríveis invenções, o Professor Calculus apresenta uma variedade de sintomas que se encaixam no diagnóstico de *transtorno de déficit de atenção e hiperatividade (TDAH)* e se manifestam como desatenção, hiperatividade e impulsividade.

Não ouve quando alguém fala diretamente com ele. O Professor Calculus frequentemente (na verdade, quase sempre) não ouve quando alguém fala diretamente com ele – o sintoma mais comum da desatenção. Entretanto, é importante observar que essa desatenção acentuada pode ser resultante de uma profunda deficiência auditiva.

Tendência à distração. *O transtorno de déficit de atenção e hiperatividade (TDAH)* é também caracterizado pela tendência à distração demonstrada por Calculus em diversas de suas apresentações cômicas. Em certa ocasião, ele está tão absorto em sua explanação sobre combustíveis para foguetes que tropeça em fios elétricos num laboratório e se estatela por cima de um técnico que está fazendo a pintura a revólver de um foguete movido a energia nuclear. Em outra ocasião, Calculus salta de um painel de controle, esquecendo de remover os fones de ouvido, para atender correndo a alguma emergência.

Deficiência relacionada com a atenção. Apesar de esses sintomas momentâneos serem divertidos e admirados em personagens de histórias em quadrinhos, eles muitas vezes resultam em grandes dificuldades na vida de pessoas adultas de verdade que sofrem desse transtorno. Portadores adultos desse transtorno apresentam dificuldades para planejar o futuro e para administrar seu tempo; e sua impulsividade os torna mais propensos a sofrerem acidentes de carro e a se envolverem em atitudes arriscadas, inclusive em aventuras sexuais e esportes radicais. E podem também ter dificuldade para estabelecer relacionamentos íntimos, uma vez que elas costumam negligenciar certos detalhes das obrigações sociais e afetivas, como retornar as chamadas telefônicas. O Professor Calculus apresenta algumas dessas dificuldades. Por exemplo, ele tem dificuldade para concluir projetos científicos (muitos deles são vistos abandonados pela metade em seu laboratório) e é visto às vezes como um estorvo por seus colegas, que com frequência procuram deixá-lo em casa enquanto empreendem suas aventuras de alto risco. Apesar de seus sintomas de desatenção, o professor sempre atua num nível suficientemente alto para realizar façanhas ainda mais notáveis.

Deficiências físicas

Apesar de não reconhecer, grande parte dos lapsos momentâneos de atenção de Calculus pode ter a ver com a *redução das funções* em decorrência da idade. Quando envelhecemos, a redução das funções é comum em muitas áreas, incluindo a locomoção (ou seja, a capacidade para andar) e o equilíbrio, como também a visão e a audição. As pessoas percebem esses declínios de diferentes maneiras, com algumas delas superestimando suas capacidades e outras as subestimando. O Professor Calculus tende claramente a superestimar a capacidade de suas funções.

Redução da capacidade auditiva. Muitas situações cômicas surgem em função da tendência de Calculus a subestimar sua própria surdez. Em certa ocasião, quando ele está prestes a ser sacrificado ao Deus Sol, juntamente com Tintim e o Capitão Haddock, sua incapacidade de ouvir impede totalmente que ele perceba a gravidade da situação – ele supõe que o ritual de morte faça parte de um drama histórico. A surdez do professor pode ser engraçada para os leitores, mas é extremamente perigosa para o próprio Calculus, especialmente por ele não se perceber como surdo. Em *Rumo à Lua*, o Professor explica a Tintim que está usando um aparelho auditivo manual em lugar de fones de ouvido, porque esses são para as pessoas surdas. Essa negação do verdadeiro nível de sua incapacidade auditiva quase lhe custa a vida em várias ocasiões, como quando ele não ouve os sinais de alarme no meio da noite e, em outra ocasião, em que ele entende a explosão de uma bomba como simples batidas de alguém em sua porta.

Redução da capacidade atlética. A recusa do Professor Calculus a reconhecer seu declínio físico pode ser mais facilmente entendida à luz do fato de ele nem sempre ter sido velho e desajeitado. De acordo com seu próprio relato, ele fora um grande esportista em sua juventude. Em *Voo 714 para Sydney*, Calculus revela que costumava praticar *savate*, a versão francesa do kickbox. Sua demonstração extremamente desajeitada é uma negação de que fora na juventude um exímio praticante dessa luta. Apesar da nítida redução de sua destreza e agilidade física com o avanço da idade, o mesmo não aconteceu com sua disposição para usar o corpo em projetos científicos. O velho Cuthbert Calculus tem disposição para andar sobre os patins extraordinários que ele próprio inventou e não hesita em ser o primeiro a tentar pilotar seu submarino em forma de tubarão nas profundezas salgadas.

A vida amorosa de Calculus: surpreendentemente atento aos detalhes

Para um cientista distraído, a atenção que o Professor Calculus dispensa às mulheres é surpreendente. Muitos cientistas iguais ao Professor Calculus parecem não ser capazes de amar, pois a atenção deles é dirigida unicamente para o trabalho. Esse não é o caso de Calculus, que parece ser plenamente capaz de demonstrar atitudes românticas. Ele foi, por exemplo, flagrado cortejando pelo menos uma mulher mais velha e rica. Bianca Castafiore é uma famosa cantora de ópera cuja voz estridente incomoda a todos, com exceção do Professor Calculus. Em *The Castafiore Emerald*, o professor atenciosamente oferece uma rosa branca (o nome dela significa "flor branca casta") à diva depois de um concerto.

Calculus também se sente à vontade no mundo da moda. Em *Prisioneiro do Sol*, Cuthbert elogia o chapéu do Capitão Haddock e é posteriormente visto usando um adorável chapéu peruano vermelho com abas cobrindo totalmente as orelhas. Esse nível de atenção a detalhes que não dizem respeito a seus empreendimentos científicos mostra que Calculus tem uma personalidade abrangente e capaz de *generalizar* suas habilidades. Quando generalizamos, tomamos os conhecimentos que temos em uma determinada área e os aplicamos a outras. As evidências indicam que Calculus teve êxito ao generalizar sua capacidade de dar atenção aos detalhes de seus experimentos científicos para outras áreas, como a moda e o galanteio.

Conclusão

O Professor Cuthbert Calculus viveu uma vida de aventuras e invenções. Ele aterrissou na Lua, sobreviveu a sequestros e desenvolveu armamentos altamente avançados (mesmo com grande perda da capacidade auditiva). Além de sofrer do típico mal de "cabeça de Piccard", Calculus também lutou com sintomas de desatenção e distração, que prejudicaram sua capacidade para concluir todos os projetos iniciados. Quando ele conseguia terminar algo, era algo maravilhoso.

Diagnóstico

Eixo I: Transtorno de déficit de atenção e hiperatividade (TDAH).
Eixo II: Sem diagnóstico.
Eixo III: Perda da capacidade auditiva; declínio de funções em decorrência da idade.
Eixo IV: Sem diagnóstico.
Eixo V: AGF ou Avaliação Global do Funcionamento = 80 – capacidade levemente reduzida: facilmente excitável; facilidade para trabalhar com os outros.

CAPITÃO NEMO

(Apareceu pela primeira vez em 1870 como o protagonista de
Vinte Mil Léguas Submarinas, de Júlio Verne)

*"Não sou o que o senhor considera um homem civilizado,
Professor. Eu me livrei da sociedade por razões que
me pareceram convenientes. Por isso, não sigo as leis dela."*
Capitão Nemo

Nacionalidade: Indiana.
Principais ambições: Libertar o mundo dos governos opressores.
Cabelo: Uma profusão de pelos, sobretudo no queixo e nas sobrancelhas.
Preferências: Algas marinhas; fumar cachimbo.
Aversões: Lulas gigantes; os britânicos.
Passatempo predileto: Tocar dramaticamente órgão debulhando-se em lágrimas de tristeza inconsolável.
Nome original: Príncipe Dakkar.
Apelidos: Capitão Ninguém; Mago das Profundezas Submarinas.

Genialidade:

Insanidade:

Introdução

O Capitão Nemo é o misterioso cientista e explorador que apareceu como personagem do romance de Júlio Verne, *Vinte Mil Léguas Submarinas*, publicado em 1870, e também do subsequente, *A Ilha Misteriosa*. Sendo um excluído e renegado, a própria existência do Capitão Nemo é amplamente desconhecida do resto do mundo, apesar de ele ter percorrido o mundo em defesa de suas revoluções políticas por justiça. Sendo um gênio da mecânica, Nemo projetou e construiu sozinho o *Nautilus*, um submarino de proporções gigantescas que foi muitas vezes confundido com um monstro submarino. Em latim, a palavra *Nemo* significa "Ninguém", e o Capitão Ninguém é de fato um homem enigmático que evita viver em terra firme, preferindo explorar as profundezas arriscadas dos oceanos.

Retrato de um cientista

Em seu leito de morte, o Capitão Nemo revela sua surpreendente história pessoal, incluindo detalhes de sua infância. Como filho do Rajá de Bundelkund, o Capitão Nemo faz parte da realeza indiana – originalmente conhecido como Príncipe Dakkar. O poderoso pai do Capitão Nemo o enviou para a Europa aos 10 anos de idade para que ele recebesse uma educação completa e com a esperança de que ele, ao retornar, liderasse a nação indiana (considerada degenerada e bárbara) num nível igual ao das nações da Europa Ocidental. Dos 10 aos 30 anos de idade, Nemo sobressaiu-se como estudante, exibindo um intelecto incrível e absorvendo conhecimentos científicos, literários e artísticos em abundância. Além disso, ele viajou para todos os cantos da Europa, evitando os prazeres e concentrando-se em saciar sua fome de conhecimento. Por todo esse período de sua vida, Nemo procurou satisfazer as expectativas de seu pai (e de seu país) de tornar-se um grande e poderoso governante que conduziria a Índia a uma nova era de prosperidade.

É notável que mesmo quando era muito jovem, Nemo tenha se mostrado capaz de ignorar os prazeres mundanos que eram quase inevitáveis para uma pessoa de sua condição social e riqueza. De acordo com todas as versões, a sua presença social era extremamente requisitada, apesar de ele não dar nenhuma atenção, chegando a ser descrito como "grave" e "sombrio". O fato de ter crescido na Europa como um jovem privilegiado com o futuro da Índia sobre seus ombros pode ter contribuído para o foco e a determinação de Nemo durante sua juventude, mas pode também tê-lo levado ao isolamento social.[1]

Apesar de ter recebido uma instrução dispendiosa e abrangente – alcançando sucesso como artista, filósofo e político – Nemo escolheu dedicar-se acima de tudo à ciência. Nessa época de sua vida, Nemo possuía tanto um status elevado como um profundo entendimento de seus estudos, mas o jovem era ainda um estudante inocente e inexperiente. As mesmas relações que propiciaram a Nemo suas oportunidades de estudar também lhe custaram sua inocência.

Psicopatologia

Depois de ter estudado na Europa, o Capitão Nemo voltou para Bundelkund, sua terra natal, em 1849. Logo em seguida, ele desposou uma dama da nobreza indiana e o casal teve duas filhas. Mas a felicidade familiar não duraria para o jovem cientista, pois a conquista da Índia pelos britânicos estava a caminho. Em 1857, o povo indiano rebelou-se contra a ocupação britânica. Como sobrinho do Sahib (Senhor) Tippoo, o governante do Reino de Mysore, o Capitão Nemo foi inevitavelmente arrastado para a batalha contra as tropas britânicas comandadas por Arthur Wellesley, o primeiro duque de Wellington.

---

1. O construtor de foguetes Jack Parsons foi criado na mesma opulência e, em consequência, foi condenado ao ostracismo por seus colegas de classe.

Nesse período, Nemo entrou como soldado na linha de frente da infantaria para lutar contra os britânicos. De vinte combates sangrentos, ele saiu ferido de dez. Foi também nessa mesma época que Nemo perdeu sua esposa e filhas. Com o avanço da rebelião e a derrota das tropas indianas em combate após combate, o Capitão Nemo dava cada vez menos importância à sua própria segurança. Quando foi travado o décimo combate (e décimo ferimento), todos ao redor dele tinham certeza de que Nemo estava procurando ativamente a própria morte. Sigmund Freud, psicólogo do final do século XIX, identificou esse desejo humano de retornar ao estado original inanimado (ou morte), que chamou de *compulsão à morte*. Baixada a poeira, os revolucionários indianos haviam sido completamente derrotados.

Sintomas do stress pós-traumático. Desde o século XVIII são realizados estudos sobre os problemas psicológicos dos veteranos de guerra. O que foi identificado inicialmente como neurose de guerra passou a ser reconhecido como um conjunto de sintomas do stress pós-traumático relativamente comum a homens e mulheres que estiveram envolvidos em combate direto ou que foram vítimas de acontecimentos traumáticos como assalto, estupro ou terem presenciado a morte de membros da família. Os sintomas do stress pós-traumático ocorrem também em circunstâncias de menor importância, como quando uma pessoa é ameaçada de morte ou gravemente ferida e sente medo, desamparo ou terror profundo. O fato de uma pessoa ter simplesmente sido exposta a situações violentas pode perturbar seu equilíbrio mental. Entre os sintomas de stress pós-traumático estão os seguintes:

- *Revivência da experiência traumática*, com pensamentos intrusivos e perturbadores, sonhos recorrentes ou imagens em que a pessoa se vê revivendo a situação.
- *Tendência à evitação*, com esforços para evitar pensar no acontecimento, evitar atividades e lugares relacionados ao acontecimento, como também sensações de desligamento ou dissociação da realidade.

⚡ *Estado de alerta constante*, em que a pessoa é facilmente perturbada por barulhos, tem dificuldade para pegar no sono e mantém-se sempre vigilante.

Distúrbio do stress pós-traumático. O diagnóstico psicológico depende de quando e como exatamente se manifestam os sintomas mencionados anteriormente. Quando os sintomas causam aflição durante o mês seguinte ao trauma, o indivíduo é diagnosticado como portador do transtorno de stress agudo. Quando os sintomas persistem por mais de um mês, o diagnóstico de *distúrbio do stress pós-traumático* é comumente apropriado. No caso de Nemo, o trauma de ter perdido uma guerra a qual estava destinado a vencer e de ter sido ferido repetidas vezes vinha acrescido da perda de sua família, e seus sintomas em resposta a tais fatores traumáticos se prolongaram por bem mais de um mês. Na realidade, o distúrbio do stress pós-traumático resultante da guerra e da perda de sua família levou Nemo a dedicar o resto de sua vida a uma aventura submarina movida a angústia e evitação, e voltada para a vingança de todo aquele que ele visse como tirano.

Por ser um príncipe que havia afrontado abertamente os britânicos, a cabeça de Nemo foi colocada a prêmio imediatamente após o término da guerra. Ele mal conseguiu fugir para as remotas montanhas de sua terra natal em Bundelkund. Derrotado, arrasado e sozinho no mundo, Nemo cultivou um profundo asco e ódio pela própria humanidade. Ele reuniu um grande número de seus mais nobres conterrâneos e desapareceu para sempre de sua terra natal. Talvez numa atitude melodramática, naquele momento de sua vida, o Príncipe Dakkar rebatizou-se com o nome de Capitão Nemo – "Ninguém" – e desapareceu sob as ondas.[2] Com certeza, essa atitude também foi um sintoma da *evitação* relacionada com o distúrbio do stress pós-traumático, uma vez que viver no fundo do mar contribuía para que Nemo evitasse as atividades, lugares e pessoas que o fariam se lembrar da guerra se permanecesse em Bundelkund.

---

2. O Dr. No também se nomeou como tal numa atitude melodramática.

Nemo em paz: isolamento e discrição

Quando uma pessoa adulta se isola e se retira da sociedade dominante, o fato pode dever-se a fatores contextuais externos ou a características individuais internas. Em termos de psicologia da personalidade, esses fatores são comumente referidos como fatores *circunstanciais e característicos*. Depois de passar muitas décadas no fundo do mar, é claro que o que ocorria em terra firme significava muito pouco para o Capitão Nemo. Na realidade, ele projetou e construiu o *Nautilus* em sigilo numa ilha deserta especificamente por desejar escapar ao barbarismo da raça humana. O Capitão Nemo teve uma infância solitária e não queria ter nada a ver com as guerras e as perseguições que ele percebia como inevitáveis em terra firme.

Foi, portanto, uma combinação de fatores circunstanciais e característicos que provavelmente o levaram a adotar atitudes extremas. O trauma violento sofrido por Nemo em consequência da perda de sua família provavelmente contribuiu para o seu isolamento, como também o elemento *introversão* de sua personalidade. Um dos traços fundamentais da personalidade é a introversão, a tendência a extrair prazer da própria vida mental ou interior, em oposição à *extroversão*, que é a tendência a extrair prazer das interações com outras pessoas. Mesmo antes da guerra, Nemo preferia estudar sozinho e não costumava participar de encontros sociais. Independentemente de qual tenha sido a combinação exata de fatores circunstanciais e característicos que levou o Capitão Nemo a se isolar, o fato é que seu comportamento é anormal e incomum, apesar de ocorrer com bastante frequência entre os cientistas malucos.[3]

Empreendimentos científicos

Como Marie Curie,[4] em reação à experiência traumática, o Capitão Nemo entregou-se aos estudos científicos. Nemo concentrou seus estudos particular-

---

3. Oliver Heaviside, Victor Frankenstein e Seth Brundle também escolheram se isolar ao máximo do convívio humano.
4. Depois de perder o marido e parceiro de pesquisas, Marie Curie dedicou-se com renovado vigor à ciência e passava meses a fio isolada em seu laboratório.

mente em oceanografia e em projetos de submersíveis. Numa ilha deserta do Oceano Pacífico, ele construiu um estaleiro para abrigar um protótipo submarino ainda mais complicado. Com base em seus próprios desenhos, Nemo e seus auxiliares construíram um submarino elétrico capaz de mover-se em alta velocidade enquanto mantinha seus ocupantes aquecidos e em segurança. Tal façanha exigia conhecimentos de lastros, hélices e capacidade de flutuação dos gases. Finalmente, Nemo conseguiu projetar a mais suntuosa e misteriosa nave submarina que já fora construída.[5] Batizado com o nome de *Nautilus*, o submersível estava tão à frente de seu tempo que a cientificamente atrasada Marinha Americana considerou-o nada mais que um monstro marinho.

Além do *Nautilus*, Nemo inventou uma grande variedade de acessórios necessários para uma vida solitária no fundo do mar. Seus trajes de mergulho permitiam que Nemo e sua tripulação deixassem o submarino e percorressem o solo oceânico em expedições de busca. Como aqueles trajes lisos expeliam automaticamente o ar impuro, apertando rifles submarinos movidos a cartuchos de ar comprimido, os mergulhadores permaneciam à espreita dos tubarões, os "tigres do fundo do mar". Em outras ocasiões, os mergulhadores recolhiam alimentos do oceano, oferecidos em abundância, ou vasculhavam os cascos soçobrados dos navios naufragados em busca de tesouros de valor inestimável. A riqueza de Nemo, somada a suas proezas científicas e sua atitude de isolamento, permitiu que ele se afastasse totalmente da superfície, explorando o mundo submarino e vivendo dele por anos a fio.

Solidariedade e filantropia

Apesar de seu afastamento dos marinheiros de água doce, Nemo demonstrou ser muito solidário e capaz de filantropia para com seus semelhantes, como também uma disposição para atuar em favor daqueles que ele via como oprimidos. O Capitão Nemo distribuía ocasionalmente parte das riquezas que retirava do fundo do mar entre os seres humanos da superfície que considerava

---

5. Em 1870, o fictício projeto submarino do Capitão Nemo antecipava em anos o verdadeiro projeto de batômetro de Auguste Piccard, lançado na década de 1930.

merecedores. A história da invasão e exploração da Índia pelos britânicos pode ser um fator importante que contribuiu para seu apoio incansável aos oprimidos por potências governamentais ou militares. Em certa ocasião, o Capitão Nemo declarou que a missão do *Nautilus* e de sua tripulação era percorrer o mundo combatendo os atos de injustiça e crueldade, mais especificamente a escravidão. Por conseguinte, o alvo de suas doações filantrópicas era quase sempre a parte da humanidade engajada em alguma revolução em busca de justiça. Por exemplo, ele doou tesouros valiosos recolhidos de navios naufragados aos soldados cretenses que opunham resistência à invasão turca. Lamentavelmente, esse tipo de atitude nem sempre agradava aos governos da Grã-Bretanha e dos Estados Unidos, que acabaram considerando o Capitão Nemo um membro do comitê de vigilância e, como tal, um perigo para a sociedade.

Em 1867, um grupo de três homens perseguiu o *Nautilus* a bordo da fragata americana *Abraham Lincoln*, com a missão de capturar o Capitão Nemo. Esses homens, inclusive um tal professor Aronnax, caíram da fragata para dentro do mar. Em vez de deixar que eles afundassem, o Capitão Nemo demonstrou compaixão ao tomar seus inimigos como prisioneiros, mantendo-os no conforto e segurança de seu submarino, mesmo contra a vontade deles.[6] Quando os homens escaparam muitos meses depois durante uma terrível tempestade, o Capitão Nemo deu-os como mortos e nunca mais voltou a pensar neles.[7]

O Capitão Nemo também salvou a vida de um pescador de pérolas que quase se afogou, livrou muitos párias da morte certa e secretamente sempre se manteve atento àqueles que pudessem estar em apuros no mar, para o caso de precisarem ser socorridos. Além disso, o Capitão Nemo dispensava à sua tripulação o máximo de atenção e solidariedade, lutando bravamente contra uma lula gigante sem jamais perder a coragem por mais arriscadas que fossem as ameaças.

---

6. O Dr. No demonstrou semelhante compaixão para com os prisioneiros, mantendo James Bond e Honey Ryder em alojamentos suntuosos.

7. Sem que o Capitão Nemo soubesse, esses homens viveram para contar a aventura das *Vinte Mil Léguas Submarinas*, transformando efetivamente o Capitão num personagem mundialmente famoso.

Conclusão

É muito provável que o Capitão Nemo tenha apresentado sintomas do distúrbio do stress pós-traumático após as experiências traumáticas associadas à guerra e à morte de seus familiares. Sua maneira de lidar com esse stress foi isolar-se no fundo do mar e entregar-se a seus empreendimentos científicos submarinos. O Capitão Nemo também demonstrou níveis de empatia muito mais elevados do que os comumente vistos em cientistas malucos, distribuindo tesouros submarinos entre aqueles que lutavam contra a opressão ao redor do mundo. Depois de passar décadas no mar, todos os companheiros de confiança do Capitão Nemo sucumbiram à idade avançada. Aos 60 anos, o Capitão se viu sozinho no *Nautilus*, tendo toda a sua tripulação morrido de velhice. Ele conduziu sua nave fantástica até um cais secreto, onde atracou para aguardar sua própria morte. O Capitão Nemo foi basicamente um herói dilacerado por conflitos – um gênio que foi torturado pelo destino e que morreu sem jamais tê-lo cumprido.

Diagnóstico

Eixo I: Distúrbio do stress pós-traumático; perdas.
Eixo II: Sem diagnóstico.
Eixo III: Sem diagnóstico.
Eixo IV: Vive em condições incomuns (no fundo do mar).
Eixo V: AGF ou Avaliação Global do Funcionamento = 50 – sintomas graves: isolamento social; flerte com ideias suicidas.

ESTABELECERAM CONTATO COM EXTRATERRESTRES

Os mais brilhantes cientistas malucos são privilegiados com cérebros tão extraordinários que não é de surpreender que eles sejam pessoas com as quais é extremamente difícil lidar. Afinal, dirigir uma lambreta é mais fácil do que pilotar uma bicicleta com potência de foguete espacial. Os cientistas malucos de mentes extraordinariamente brilhantes podem fazer afirmações extravagantes sobre as origens de sua ideias mais surpreendentes, mas quem de nós pode dizer o que é impossível para aqueles que operam nas esferas supremas da inteligência?

Vamos tratar aqui de uma categoria de cientistas malucos convencidos de que se comunicavam com seres extraterrestres. Embora a origem dessas experiências seja duvidosa, o fato é que elas acabaram resultando em fabulosos artifícios tecnológicos. A questão que permanece é a seguinte: tais informações incríveis vieram de seres extraterrestres ou de vozes enigmáticas vindas das profundezas mais recônditas da mente humana?

NIKOLA TESLA

(1856-1943)

"Minha invenção requer uma grande instalação, mas uma vez em funcionamento, será possível destruir qualquer coisa, seja homem ou máquina, que se aproximar a um raio de 320 quilômetros."
Nikola Tesla

Nacionalidade: Americano nascido na Sérvia.
Principais ambições: Eletricidade gratuita; sociedade livre de germes.
Cabelo: Repartido ao meio, ensebado.
Número de patentes registradas: 212.
Preferências: Água; pombos.
Aversões: Germes; Thomas Edison.
Apelido: O Gênio da Eletricidade.

Genialidade:

Insanidade:

Introdução

Nikola Tesla é um cientista maluco autêntico e totalmente original. Apesar de ter morrido antes da invenção do transistor, Tesla fez uso de sua mente formidável à maneira que hoje usamos o computador; ele projetou, construiu e testou todas as suas invenções, usando apenas o poder da concentração mental. Sem esboçar qualquer desenho, Tesla construía modelos de suas invenções elétricas que funcionavam com precisão. A inteligência de Tesla era aguçada por sua intensa capacidade de concentração, que desde a infância foi tanto uma bênção quanto um tormento para ele. No seu extremo, Tesla parece ter sido vítima dos sintomas do *transtorno obsessivo-compulsivo* (TOC), especialmente com o avanço da idade. Ele passou grande parte de sua vida trabalhando de maneira obsessiva e solitária; interagir com seres humanos comuns parecia ser muito difícil para ele. Talvez tenha sido por isso que, já em idade avançada, Tesla declarou ter contato com seres de inteligência superior do planeta Vênus. Apesar de suas excentricidades, e possivelmente por causa delas, Nikola Tesla foi capaz de usar sua mente para melhorar a vida de bilhões de seres humanos.

Retrato de um cientista

Existem fortes evidências de que, quando criança, o quociente de inteligência (QI) de Nikola Tesla teria se revelado ser da ordem "extremamente superior" (pelo menos dois níveis acima da média de 95%). Existem muitas historinhas que são contadas para ilustrar sua precocidade. Com apenas 5 anos de idade, Nikola comunicou a seu pai que ia controlar a força das águas. A invenção resultante dessa determinação foi uma batedeira de ovos movida pela força hidráulica. Aos 9 anos, ele tinha desenvolvido sua batedeira de ovos de maneira a ser movida pela força de insetos capturados. No ano seguinte, Nikola conseguia resolver equações matemáticas com uma rapidez tão espantosa que seus professores suspeitaram que ele os estivesse iludindo. Nikola realizou testes adicionais sob a observação atenta de seus pais e professores, provando que era um menino prodígio. Quando criança, a imaginação tecnológica do pequeno Nikola já se mostrava em pleno funcionamento – ele acreditava que algum dia seria possível fotografar os pensamentos.

Enquanto as extraordinárias capacidades cognitivas de Nikola Tesla eram com certeza hereditárias (o pai de Nikola sabia a Bíblia inteira de cor e a mãe falava quatro línguas), sua inteligência inata foi intensificada por sua concentração quase obsessiva e sua forte motivação. É possível que essa intensidade tenha em parte sido estimulada pela morte trágica de seu irmão mais velho quando Nikola tinha apenas 5 anos de idade. Conta-se que, em consequência dessa tragédia, o pequeno Nikola tomou a decisão de ser tão bom e inteligente quanto havia sido seu irmão maior. Aos 5 anos de idade, Nikola demonstrou ser capaz de manter sua atenção concentrada por períodos de tempo extraordinariamente longos, passando horas a fio concentrado em seus projetos e invenções. Tesla também tinha uma memória visual excepcional; ele conseguia reter em sua mente a ideia de uma máquina ou invenção e "testar" visualmente seus movimentos giratórios, visualizando a máquina em movimento.

Apesar de se mostrar uma criança brilhante, Tesla também teve desde muito cedo comportamentos bizarros e excêntricos. Ele era extremamente sensível a certos sons e sensações físicas e mal conseguia suportar fortes ruídos como o de um trem passando. Tais sintomas são comumente vistos em crianças diagnosticadas como portadoras de *autismo* (um transtorno do desenvolvimento que afeta a capacidade de comunicação e socialização), embora esse transtorno ainda não tivesse sido diagnosticado na época em que Nikola era pequeno.

Nikola Tesla concluiu os quatro anos que correspondiam à escola secundária sérvia em apenas três anos. Então, aos 17 anos, ele se expôs à cólera. Por que um gênio se exporia intencionalmente a uma doença fatal? Tesla estava simplesmente evitando ter de cumprir o serviço militar obrigatório para poder continuar seus estudos. Apesar de estar quase totalmente recuperado quando um médico das forças armadas o examinou, ele conseguiu mostrar-se suficientemente debilitado para obter um atestado de incapacitação física. Essa "doença crítica" possibilitou que ele retomasse secretamente seus estudos após um ano de repouso (que ele passou lendo romances, aprendendo a jogar bilhar com seu pai e memorizando detalhadamente quase todos os livros da biblioteca de sua localidade).

No Instituto Politécnico de Graz, na Áustria, e na Universidade de Praga, Tesla continuou sua busca de conhecimentos e provou definitivamente ser um cdf de marca maior. Ele acordava regularmente às três horas da manhã para resolver os problemas mais difíceis de seus deveres de casa (depois de dormir apenas quatro horas). Durante o primeiro ano de faculdade, Tesla obteve aprovação nos exames de nove matérias quando a maioria dos estudantes encarava apenas cinco matérias. Numa carta aos pais de Tesla, o reitor da Universidade de Praga dizia: "Seu filho é uma estrela de primeira grandeza". Em seu tempo livre, Tesla organizou a primeira atividade universitária, na qual a equipe de uma universidade enfrentava a equipe de outra. Essa atividade era o jogo de xadrez.

Psicopatologia: medos irracionais

Existem algumas evidências de que, com o passar dos anos, Nikola Tesla tenha começado a sofrer de TOC (transtorno obsessivo-compulsivo). É bem provável que a mesma capacidade e intensidade de concentração mental, que o ajudava a realizar complexas tarefas científicas e cálculos, tenha contribuído para o desenvolvimento de suas tendências compulsivas. O TOC de Nikola Tesla provavelmente o prejudicou em muitas áreas da vida e, especialmente, em suas interações sociais; sua obsessão incluía fobias, ou aversões mórbidas a sujeira e germes, como também uma obsessão pelo número três e uma mania de fazer cálculos completos de tudo que encontrava pela frente.

As obsessões mentais são frequentemente associadas a atos compulsivos executados de acordo com regras rígidas. Tesla sentia-se compelido a executar atos repetitivos, como fazer tudo em conjuntos de três. Por exemplo, depois de percorrer uma vez um quarteirão, ele se sentia compelido a fazer mais duas vezes o mesmo trajeto. Ele também preferia comer sozinho, em razão de sua compulsão meticulosa a limpar os pratos e os talheres de prata com dezoito (número divisível por três) guardanapos antes de cada refeição. (Depois disso, ele calculava o conteúdo cúbico da comida em seu prato antes de começar a comer.) Indivíduos portadores de obsessões e compulsões extremas costumam ter dificuldade para manter relacionamentos, uma vez que seus hábitos idiossincrásicos afetam suas rotinas normais que podem ser extremamente exaustivas e embaraçosas.

Apesar de constituírem um obstáculo ao seu convívio social, as obsessões de Tesla também deram incentivo a algumas de suas ideias científicas. Num artigo que escreveu em 1915, ele prognosticou que a eletricidade levaria à eliminação de todos os micróbios, insetos e roedores da face da Terra. Ele também previu que o "banho" elétrico se tornaria disponível em todas as casas e que livraria o corpo de toda poeira e de outras pequenas partículas; além de prever que as prefeituras iriam adotar aspiradores elétricos de pó e aparelhos para esterilizar o ar, a água e a comida. Nikola Tesla estava obviamente interessado em usar a tecnologia para aliviar seus próprios sintomas obsessivos.

Relacionamentos adultos

Apesar de manter relações estreitas com sua família, quando adulto Tesla teve muito poucos relacionamentos íntimos. Ele jamais se casou nem teve filhos. Suas obsessões e fobias a germes provavelmente contribuíram para isso. Conta-se que Tesla não gostava de tocar o cabelo nem de apertar a mão de outras pessoas e, com isso, evitava todo contato humano. Ele costumava trabalhar sozinho em suas invenções, repassando muitas vezes as coisas em sua mente. Durante um período em que não conseguiu emprego como engenheiro, Tesla trabalhou cavando fossos. Nesse trabalho, ele fez amizade com seus colegas. Apesar de parecer capaz de estabelecer relações, Tesla raramente procurava ou cultivava essas amizades.

Tesla tinha dificuldades particularmente para interagir com figuras de autoridade, especialmente com seus patrões, sem dúvida devido aos conhecimentos superiores que ele tinha dos sistemas elétricos em que trabalhava. Ele sofria muitas frustrações pelo fato de em sua mente visualizar perfeitamente desenhos de máquinas futuristas que ainda não existiam. Em vez de ter liberdade para desenvolver livremente seus projetos, ele se sentia obrigado a trabalhar para pessoas que nem chegavam a entendê-los. Tesla preferia trabalhar sozinho, porque não conseguia adaptar seu ritmo ao dos "homens mais lerdos" (inclusive Thomas Edison). Por vezes, essas "diferenças criativas" provocavam a demissão de Tesla.

Em seus últimos anos, Tesla isolou-se ainda mais do convívio social. Ele começou a passar diariamente parte do tempo dando comida a pombos e cuidando de pássaros feridos em seu apartamento no Hotel Waldorf Astoria. Apesar de seu medo irracional de germes, ele era visto com frequência no parque com os braços cobertos de pombos (ele tinha como favorito um pombo branco que frequentava a janela de seu apartamento).

Descobertas científicas

Gênio inquestionável, Nikola Tesla chegou a fazer mais de duzentas invenções radicalmente inovadoras. Meio século após sua morte, mais de cem das patentes registradas por Tesla continuavam sendo usadas por incontáveis milhões de pessoas.

As criações de Tesla incluem um grande número de invenções brilhantes (e a esta altura já tornadas de uso comum), inclusive a luz de arco voltaico, os motores de corrente alternada e os sistemas de transmissão de eletricidade e iluminação de casas. Ele ficou mais famoso pela "Bobina de Tesla", criada para aumentar as voltagens elétricas de frequências elevadas – uma medida necessária para a propagação de ondas por antenas. Há quem defenda que Tesla deveria também receber o crédito pela invenção do rádio. Na verdade, foi seu sistema de circuitos oscilantes de sintonia que tornou o rádio possível. Tesla também introduziu o conceito de micro-ondas. Ele tinha um conhecimento altamente intuitivo de eletricidade e ondas de rádio, o que sem dúvida foi possibilitado por sua capacidade de visualizar perfeitamente as máquinas em pleno funcionamento.

Nikola Tesla propôs muitas ideias relacionadas com energia que eram bastante sensatas e algumas outras que eram um bocado bizarras. Por exemplo, ele entendia que a transmissão de energia sem fio era possível, mas não reconhecia a existência de limites para a quantidade de energia a ser transmitida por meio do ar. Tesla visualizou uma imensa torre capaz de distribuir gratuitamente energia para todos os habitantes da Terra, por uma corrente elétrica transmitida pela ionosfera, mas não percebeu que essa técnica não geraria correntes de voltagem suficientemente alta para fazer funcionar coisas como lâmpadas e aparelhos domésticos (apesar de funcionar em transmissões de rádio AM). Tesla também visualizou esse dispositivo como uma arma gigantesca, que ele tentou vender para fins de defesa.[1] Tesla também acreditava que seria possível usar essa energia para alterar os padrões climáticos da Terra, coisa que os cientistas consideram hoje impossível. Os conhecimentos que Tesla tinha da ionosfera e da transmissão de energia sem fio estavam certamente muito à frente de seu tempo, mas suas visões ultrapassavam às vezes as realidades restritivas do mundo físico.

O incidente extraterrestre

A reputação de cientista "biruta" angariada por Tesla quando ainda vivo teve sua base de sustentação no que ficou conhecido como "incidente extraterrestre". Suas faculdades mentais foram colocadas em dúvida por grande parte das instituições científicas depois de ele ter declarado que estava recebendo mensagens de habitantes ou de Marte ou de Vênus por meio de seu equipamento radiofônico. Ele acreditava que existia vida no universo fora de nosso planeta e estava imensamente interessado em encontrar meios de se comunicar com outros habitantes de nosso sistema solar. Lamentavelmente, Tesla nunca conseguiu convencer outros cientistas de que havia detectado sinais de extraterrestres inteligentes.

---

1. Como o Dr. Evil, Tesla exigia quantias exorbitantes de dinheiro dos governantes, chegando a negociar com o primeiro-ministro da Grã-Bretanha para obter 30 milhões de dólares (cerca de meio bilhão de dólares nos dias de hoje) em troca de uma máquina de raios defensivos. As negociações não deram em nada e não se conhece nenhum protótipo do "raio letal" de Tesla.

Conclusão

As mesmas características que fizeram de Nikola Tesla um "maluco" podem também ter contribuído para torná-lo um gênio científico. Sua capacidade de concentração focada em imagens mentais estava sem dúvida relacionada tanto com suas tendências obsessivo-compulsivas *quanto* com sua capacidade de visualizar complexas máquinas elétricas em funcionamento. A vida de Nikola Tesla ilustra bem a linha tênue que separa a genialidade da loucura.

Diagnóstico

Eixo I: Transtorno obsessivo-compulsivo; distúrbio psicótico não manifesto em outras situações (além das alucinações com extraterrestres).

Eixo II: Sem diagnóstico.

Eixo III: Sem diagnóstico.

Eixo IV: Isolamento social.

Eixo V: AGF ou Avaliação Global do Funcionamento = 60 – sintomas moderados: conflitos com colaboradores; dificuldades para submeter suas visões ao teste da realidade.

LEX LUTHOR

(Apareceu pela primeira vez como personagem das histórias em quadrinhos *Action Comics*, 1940)

"Apenas um homem comum – mas com o cérebro de um gênio extraordinário!"
Lex Luthor, em *Action Comics* nº 19, 1940

Nacionalidade: Lexoriana.
Principais ambições: Escravizar a Terra e o Universo.
Inimigo mortal: Super-Homem.
Residência atual: Metrópolis.
Materiais preferidos: Criptonita; chumbo.
Formação: Mestrado em "Ciências", pelo MIT (Massachusetts Institute of Technology).
Heróis: Átila, o Huno; Al Capone; Benedict Arnold [traiu o exército norte-americano na Guerra da Independência].
Passatempo preferido: Filantropia.

Genialidade:

Insanidade:

Introdução

Lex Luthor é, além de supervilão e supergênio, um sujeito da pesada. Embora o combustível que move a genialidade científica de Luthor seja o desejo de destruir o Super-Homem (seu inimigo mortal), em seu tempo livre ele se dedica a atividades filantrópicas. Como homem de extremos, Lex Luthor exibe sintomas tanto de *transtorno de personalidade obsessivo-compulsiva*[1] quanto de distúrbio de personalidade narcisista. Além disso, é muito provável que ele também sofra do distúrbio bipolar. Apesar de esse distúrbio ter provavelmente causas biológicas, os traços problemáticos da personalidade de Lex Luthor parecem ter sido causados por eventos que ocorreram em sua adolescência. A combinação de traços obsessivos, narcisistas e maníacos faz de Luthor uma força que tem de ser levada em consideração: sua ambição de poder econômico, como também de ser respeitado e idolatrado pelo mundo e pelo universo, não tem limites.

Retrato de um cientista

Lex Luthor foi criado por seus pais biológicos na cidade de Smallville, na mesma época que o Super-Homem, seu futuro adversário (convenientemente conhecido então como Superboy). Quando criança, Luthor enfrentou sérias dificuldades financeiras, vivendo com sua família numa área da cidade chamada de Suicide Slum [Cortiço dos Suicidas].[2] Pelo que se sabe, Luthor tinha uma irmã, Lena Thorul, dotada de capacidade de percepção extrassensorial. Ambos

---

1. Transtorno de personalidade obsessivo-compulsiva *não* é o mesmo diagnóstico que transtorno obsessivo-compulsivo (TOC). Para uma descrição do TOC, ver páginas 76-77.
2. O matemático Oliver Heaviside também nasceu numa área semelhante.

os pais de Lex Luthor morreram num acidente de carro suspeito quando ele tinha apenas 14 anos. O jovem Luthor (e não sua irmã) tornou-se o único beneficiário de um seguro de grande monta, que ele usou imediatamente para financiar seus estudos no MIT.

Não se sabe ao certo se Lex Luthor foi de alguma maneira responsável pela morte dos pais, mas essa é definitivamente uma possibilidade. O garoto de 14 anos era com certeza suficientemente inteligente para tramar um plano de "acidente" e colocá-lo em prática de maneira que não fosse descoberto pelas autoridades. Infelizmente, sabemos muito pouco sobre sua relação com os pais quando ainda eram vivos. Entretanto, pelo que se sabe sobre seus relacionamentos posteriores, uma hipótese plausível é a de que Luthor guardasse ressentimentos por ter sido criado como uma espécie de favelado e culpasse os pais pelo fato de não ter tido as vantagens desfrutadas por muitos garotos de sua idade de Smallville. Talvez ele tenha achado que merecesse uma vida melhor. Mesmo que ele não tenha sido diretamente responsável pela morte de seus pais, Luthor aproveitou a oportunidade para ingressar no MIT, coisa que ele não teria feito sem o benefício financeiro proporcionado pela morte prematura dos pais.

A mágoa que Lex Luthor nutria contra o Super-Homem teve início em sua trágica adolescência. Inicialmente, Lex e o Superboy admiravam os talentos um do outro – o Superboy admirava o gênio de Lex enquanto Lex nutria um profundo respeito pelos poderes do Superboy. Lex chegou a salvar a vida do Superboy por dispor de uma pedra de criptonita e o Superboy, em recompensa, montou um laboratório para Lex. Mas essa amizade estava fadada a não durar. Certo dia, o Superboy pôs fogo no laboratório de Lex com seu sopro fenomenal, mas inadvertidamente soprou substâncias químicas nocivas sobre o cabelo cor de fogo de Lex. Com a perda de sua exuberante cabeleira na explosão, Luthor culpou o Super-Homem por tê-lo deixado careca para sempre. E foi assim que teve início a eterna inimizade entre os dois.

De acordo com a opinião geral, Lex Luthor era uma criança extremamente inteligente. Ele começou a estudar no MIT com 14 anos e assombrou seus professores com uma série de invenções brilhantes. Após três anos de estudos, Luthor obteve o diploma de Mestre em Ciências. Entretanto, suas conquistas acadêmicas não o recompensaram com relacionamentos. Durante esse período, Luthor desenvolveu um padrão de ressentimento contra as pessoas mais próximas, culpando-as por seus problemas. O sentimento narcisista de *direito à posse* (sentimento de direito à posse exclusiva de algo) do adolescente Luthor teve início nos anos em que estudou na universidade, com base na crença de que merecia ter tido uma infância melhor. Da mesma maneira, Luthor nutria a crença irracional de que merecia continuar com sua cabeleira cor de fogo, culpando o Superboy pelo que obviamente havia sido um acidente. Muitas vezes, tais sentimentos de posse são desenvolvidos por um indivíduo para compensar um profundo sentimento subjacente de *baixa autoestima* (sentir-se não merecedor ou desprovido de autêntico amor-próprio). Por fim, Luthor começou a se mostrar magoado com os outros por uma série de motivos, inclusive por tentarem ajudá-lo. O Super-Homem suportou bravamente os ataques de ressentimento do jovem careca Luthor, alimentando com isso o desenvolvimento das características da personalidade obsessivo-compulsiva do Luthor adulto.

Psicopatologia

Lex Luthor apresenta sintomas de distúrbio bipolar, bem como alguns traços característicos dos transtornos obsessivo-compulsivo e narcisista. Seus sintomas mais proeminentes são os seguintes:

Preocupação obsessivo-compulsiva com detalhes, listas e organização. Em sua fortaleza particular, conhecida como Covil de Luthor, Lex tem um Quarto de Lembranças, que é reservado exclusivamente para armazenar calendários passados. Esses calendários são notavelmente ordenados, com os dias meticulosamente riscados. Segundo Luthor, tais calendários o ajudam a recordar o tempo de sua vida em que ele passou aprisionado por causa do Super-Homem.

Dedicação obsessivo-compulsiva ao trabalho e à produtividade. Não há nenhuma dúvida quanto à dedicação exagerada de Luthor à missão de sua vida: acabar com o Super-Homem. Na realidade, sua dedicação é tanta que é difícil imaginar como ele arranja tempo para dirigir suas extremamente lucrativas empresas, administrar sua carreira política e oferecer banquetes faustosos – quanto mais comer e dormir.

Sentimento narcisista de grandeza e importância exagerada de si mesmo. A importância que Lex Luthor atribui a si mesmo é visivelmente demonstrada nos nomes que ele dá às suas criações, quase todos contendo seu próprio nome. Por exemplo, o nome (da arma) LEXO-SKEL SUIT 5000 é uma combinação astuta das palavras "Lex" e "proteção do esqueleto", e a aeronave Lexwing também leva seu nome. Mesmo que as empresas de Luthor empreguem um enorme número de pessoas, todas elas fazem parte do mesmo grupo chamado LexCorp.

Preocupação narcisista com fantasias de sucesso, dinheiro e poder sem limites. Luthor é louco por poder e sucesso. Na verdade, ele passa o tempo todo tramando meios para aumentar seu controle sobre o mundo e, em última instância, sobre o universo.

Distúrbio bipolar. Os comportamentos obsessivo-compulsivos e narcisistas de Lex Luthor podem ser sintomas de algum distúrbio afetivo mais profundo com recorrentes episódios maníacos. A despeito de seus constantes fracassos, Luthor demonstra ter níveis extraordinariamente altos de energia quando se trata de tramar a destruição do Super-Homem. O comportamento maníaco é frequentemente marcado por uma autoestima ou grandiosidade inflada (que pode em parte contribuir para a crença de Luthor de que apenas ele merece controlar o universo). Os episódios maníacos também o levam a intensificar as atividades voltadas para a realização de sua meta e a recorrência desses episódios pode corresponder às investidas repetidas de Luthor numa série aparentemente interminável de atentados para acabar com a vida do Super-Homem.

Relação com o Super-Homem em sua vida adulta

Em sua vida adulta, Luthor concentra quase todas as suas energias negativas na tarefa de exterminar o Super-Homem, uma vez que ele é o único obstáculo em seu caminho rumo à dominação do mundo. De fato, os dois homens entram em confronto direto centenas de vezes. Provavelmente Luthor acha que o Superboy continua em sua vida adulta de Super-Homem repetindo a traição original por ele continuar opondo-se a seus planos perversos. Seu sentimento narcisista de direito à posse o leva a invejar o sucesso do Super-Homem em Metrópolis. É natural que as pessoas, ao contrário do que nutrem pelo Super-Homem, não respeitem nem gostem de Luthor e, assim, para alcançar o nível de respeito de que se julga merecedor, ele tem de comprá-las. Obcecado pela ideia do quanto essa situação é injusta, Luthor provavelmente transforma seu intenso desejo de poder e respeito em engenhosos ataques ao Super-Homem.

Realizações notáveis

Pseudônimos e identidades alternadas. Luthor teve êxito em sua adoção de identidades alternadas de acordo com as necessidades de seus planos diabólicos. Essas diferentes identidades – incluindo nomes como Carlyle Allerton; Sr. Smith; Professor Clyde; Professor Guthrie; O Defensor; Luthor, o Nobre, e o Execrável Zytal – permitiram que ele continuasse com seu comportamento antissocial. Apesar de esses alter egos terem sido desmascarados pelo Super-Homem, é possível que haja outros pseudônimos que Luthor tenha mantido em segredo.

Poder econômico e social. A carreira de vilão de Lex Luthor foi extremamente lucrativa, provavelmente motivada por suas manias. Ele aparece na lista dos "Dez Homens Mais Ricos da Ficção" da (revista) *Forbes*. Luthor tornou-se bilionário por esforço próprio aos 20 anos de idade, basicamente por vender as patentes de suas invenções às forças armadas. Ele consegue comprar poder e influência em Metrópolis e, de fato, é um dos maiores benfeitores da cidade. Suas empresas empregam nada menos do que dois terços de toda mão de obra de Metrópolis.

Filantropia extraordinária. Não se sabe o que exatamente motivou Lex Luthor a praticar filantropia. O que se sabe é que, ao longo dos anos, ele doou milhões de dólares para Metrópolis, inclusive fundos para parques, fundações e instituições médicas beneficentes. É interessante notar que, a despeito de ser um supervilão, Luthor certa vez salvou todo um planeta e seus habitantes da destruição. Esse planeta fez dele um herói e seus habitantes o rebatizaram com o nome Lexor. Infelizmente, até mesmo esse ato de bondade teve um final infeliz pelas mãos do próprio Luthor, quando ele acidentalmente destruiu Lexor (juntamente com sua esposa e filho lexorianos) numa batalha contra o Super-Homem. É provável que seus atos grandiosos de generosidade tenham sido motivados por seu profundo sentimento de baixa autoestima e seu desejo intenso de conquistar a qualquer preço o amor e o respeito dos outros.

Realizações científicas

Lex Luthor é defensavelmente o cientista mais renegado de todos os tempos. Além de criar carros voadores, foguetes e naves espaciais, Luthor inventou dezenas de armas ridiculamente destrutivas para as forças armadas. Uma delas, a já mencionada LEXO-SKEL SUIT 5000, é uma invenção robótica para servir de estrutura de proteção ao esqueleto dos soldados. (Uma tentativa que Luthor fez para vender tais proteções para os terroristas "kaznianos" foi frustrada pelo Super-Homem.) O diploma em ciências gerais de Luthor parece ter-lhe servido bem; seus sólidos conhecimentos de química permitiram que ele produzisse a *lutorita*, uma versão sintética do elemento natural *criptonita*. Ele também conseguiu criar um dispositivo para invocar os seres da quarta dimensão.[3]

Ironicamente, foi o inimigo mortal de Lex Luthor que inspirou a mais inovadora de suas criações. Pelo fato de a visão de raio X do Super-Homem constituir o principal obstáculo ao sucesso final de suas tramas diabólicas, Luthor foi levado forçosamente a criar bases secretas inteligentes, das quais muitas eram guarnecidas com chumbo para enfraquecer a visão de raio X do Super-Homem.

---

3. O famoso construtor de foguetes e ocultista Jack Parsons fracassou em experimentos semelhantes.

Entre tais refúgios secretos, havia uma casa de fazenda perto de Metrópolis, fábricas abandonadas e uma empresa eletrônica em Metrópolis; um laboratório secreto no topo de uma montanha e uma fortaleza; um esconderijo subterrâneo guarnecido com chumbo embaixo de uma colina coberta de grama, uma cidade cercada de vidro, um gigantesco laboratório espacial, um conjunto de prédios mantidos suspensos no ar por um enorme dirigível e um covil dentro de um meteoro artificial flutuando no espaço.

Lex Luthor também deu à luz invenções geniais quando aplicou sua genialidade científica a empreendimentos criminosos. Como invenções para tais propósitos, ele criou um dinamitador de cavernas, um magneto para atrair dinheiro, um provocador de terremotos e um raio atômico mortífero.

Conclusão

Apesar de toda uma vida de realizações, Lex Luthor jamais realizou sua principal ambição que era dominar o mundo e, subsequentemente, o universo. Felizmente para o Super-Homem, a "insanidade" de Luthor pode ter contribuído para a não realização de seus sonhos. Na verdade, os indivíduos portadores do transtorno de personalidade obsessivo-compulsiva costumam se concentrar tanto nos detalhes e na determinação de metas que acabam tendo dificuldade para executar seus planos e, às vezes, os executam mal. Embora a intensidade maníaca de Luthor o mantenha focado no objetivo de acabar com o Super-Homem, sem dúvida alguma ela também o faz perder outras oportunidades de conquistar poder. Os cidadãos de Metrópolis deveriam agradecer à previsibilidade das obsessões de Luthor (como também ao Super-Homem, é claro) por manter seu poder em cheque.

Diagnóstico

Eixo I: Episódios maníacos, de gravidade moderada, mas recorrentes.

Eixo II: Transtorno de personalidade narcisista; transtorno de personalidade obsessivo-compulsiva.

Eixo III: Sem diagnóstico.

Eixo IV: Sem diagnóstico.

Eixo V: AGF ou Avaliação Global do Funcionamento = 100 – funcionamento de nível superior: rico; famoso; e tão perverso quanto deseja ser.

FIZERAM EXPERIMENTOS CIENTÍFICOS COM SERES HUMANOS

É lamentável que inteligência superior e moralidade não andem necessariamente juntas. E isso é duplamente lamentável com respeito aos cientistas malucos. Obcecado por fazer descobertas, um cientista maluco às vezes só consegue enxergar as outras pessoas como objetos de experimentos a serem realizados, em vez de seres humanos que pensam, sentem e desejam intensamente não serem submetidos à dissecação. Mas como um incêndio que escapa ao controle, a curiosidade indômita de um cientista maluco pode às vezes tornar-se tão voraz a ponto de devorar tudo que encontra pela frente – inclusive inocentes objetos de experimentação.

Nesta parte, vamos revelar as explorações de um grupo de cientistas malucos dispostos a arriscar a saúde e a sanidade de pessoas comuns para realizar seus experimentos científicos. Munidos de bisturis e geradores de eletrochoques e confinados entre paredes que ecoam os gritos de suas vítimas, esses médicos renderam-se à sua curiosidade mais primitiva para explorar impiedosamente a mais recôndita natureza animal da humanidade. Alguns desses cientistas malucos exibem distúrbios comportamentais moderados, enquanto outros se encontram aprisionados a falhas de caráter quase incorrigíveis. Em ambos os casos, eles nos provam que, na busca da verdade científica, as necessidades das pessoas comuns são muitas vezes sacrificadas às mentes extraordinárias.

DR. MOREAU

(Apareceu pela primeira vez como protagonista do romance de
H. G. Wells, *A Ilha do Dr. Moreau*, em 1896)

"Você sabe o que significa uma pessoa se sentir como se fosse Deus?"
Dr. Moreau

Nacionalidade: Britânica.
Principais ambições: Criar o híbrido homem-animal perfeito; espalhar bronzeador solar igualmente por todo o corpo.
Voz: Sussurrante.
Preferências: Música clássica; mamíferos.
Aversões: Opinião pública; luz solar intensa.
Passatempos preferidos: Vivissecção; tocar piano de cauda.
Bebida preferida: Conhaque.
Mais conhecido por: "Os Horrores de Moreau"; criar uma fêmea de onça sensual.

Genialidade:

Insanidade:

Introdução

Esse recluso apavorante ganhou popularidade em 1896 pelo romance de H. G. Wells, *A Ilha do Dr. Moreau*, e posteriormente apareceu em diversos filmes com o mesmo título. Em geral, caracterizado como um eremita obeso e portador de uma estranha doença de pele. O traço mais característico do Dr. Moreau é sua total disposição a ultrapassar os limites normais da ciência e entrar diretamente nos domínios de Deus. Como gênio científico e traste moral, o Dr. Moreau ignora o julgamento de seus semelhantes e tem sucesso em sua criação de uma nova raça de criaturas inteligentes e fisicamente malformadas. Apesar de suas imperfeições, mesmo a raça monstruosa de híbridos humanos-animais é capaz de reconhecer que seu criador não tem tanto poder assim. Cegado por suas ilusões de grandeza, o Dr. Moreau é finalmente julgado por suas criaturas – e considerado ignóbil.

Retrato de um cientista

O Dr. Moreau começou realizando suas pesquisas na Inglaterra, numa autêntica instituição acadêmica. Entretanto, a moralidade de seu trabalho passou a ser questionada depois de um jornalista ter encontrado um cachorro horrivelmente mutilado no laboratório do Dr. Moreau, dando início a um escândalo que ficou conhecido como "Os Horrores de Moreau". O Dr. Moreau perdeu imediatamente seu cargo universitário e teve canceladas as verbas para suas pesquisas depois de as autoridades terem descoberto que o cachorro era a cobaia de um experimento horripilante de dissecação. O jornalista escreveu um panfleto documentando os métodos repulsivos de pesquisa do Dr. Moreau. Quando o público tomou conhecimento do caráter cruel e torturante dos experimentos do Dr. Moreau, ele foi obrigado a tomar algumas decisões difíceis.

Com a carreira arruinada, o Dr. Moreau decidiu continuar suas pesquisas fora dos entraves da instituição científica. Outros cientistas malucos em situação semelhante fizeram escolhas diferentes, seja pedindo desculpas por seus atos e continuando a trabalhar com seus colegas,[1] seja obrigando toda a comunidade científica a concordar com seus propósitos.[2] O Dr. Moreau, entretanto, escolheu isolar-se numa ilha deserta para continuar suas pesquisas. Ali, ele instalou um laboratório admiravelmente bem escondido.[3] Com doze quilômetros quadrados de paraíso tropical vulcânico cercado de abundantes recifes de corais, a ilha era perfeita. Além de construir uma casa apropriada para levar uma vida confortável na ilha, o Dr. Moreau instalou um amplo conjunto de jaulas para alojar suas cobaias e uma sala de cirurgia perfeitamente de acordo com as condições sanitárias da época. Ele recrutou um leal assistente de pesquisa e preparou-se para continuar seu trabalho.

Esse modo de agir sugere que o Dr. Moreau provavelmente sofria de alguma excentricidade, especificamente do tipo mania de grandeza. Indivíduos portadores dessa mania mantêm a falsa crença de que seu conhecimento ou mérito é mais elevado do que de fato é. No caso do Dr. Moreau, parece que sua crença na importância de seu próprio trabalho era forte o bastante para passar por cima da opinião dos cientistas de sua época, como também do público em geral. O Dr. Moreau era dominado por um sentimento de confiança irracional de que seu destino era levar adiante sua abominável linha de pesquisa. Com tal confiança, não é de surpreender que ele tenha ido aos extremos para continuar seu trabalho.

---

1. O psicólogo Stanley Milgram mostrou-se posteriormente arrependido dos experimentos nos quais havia levado os participantes a acreditarem que haviam torturado pessoas inocentes com choques elétricos.
2. Como presidente da Academia de Ciências Agrícolas da Rússia, Trofim Lysenko obtinha a concordância ao mandar prender, torturar e matar seus detratores.
3. Lex Luthor teve laboratórios ainda mais escondidos, inclusive um secreto numa montanha e covis em casas de fazenda.

Realizações científicas

O Dr. Moreau dominava surpreendentemente os conhecimentos científicos da genética de seu tempo. Além de ser capaz de ler manuais médicos em seus originais escritos em latim e grego, o Dr. Moreau havia aprendido uma vasta série de técnicas cirúrgicas avançadas e tido um cargo de proeminência como pesquisador de fisiologia. Ele voltou seu foco para a criação de criaturas híbridas, algo extremamente temido pelas pessoas no final do século XIX.[4] Ele também pesquisou transfusões de sangue e tumores cancerígenos. O doutor era também um grande conhecedor de *vivissecção*, a dissecação de animais por meios cirúrgicos. (Duvida-se que o Dr. Moreau tenha ido além da vivissecção de animais vivos para entender como as funções biológicas operavam.)

Em sua ilha, o Dr. Moreau fez vivissecções bem-sucedidas de macacos, porcos, cachorros, leopardos, bois e onças, mutilando-os para dar-lhes forma humana. Pior ainda, ele misturou criaturas perigosas, como a hiena com o porco. Seus experimentos eram imprudentes, irresponsáveis e desnecessariamente cruéis. Apesar de muitas de suas criaturas híbridas não terem sobrevivido à mesa de cirurgia, as técnicas cirúrgicas do Dr. Moreau foram aperfeiçoadas com o passar do tempo (como também o sucesso de suas experiências). Finalmente, como resultado de tais experimentos, a ilha foi povoada por dezenas de seres mutantes, portadores de deformações hediondas e desejos animalescos indomáveis. O Dr. Moreau e seus assistentes ficavam trancados em suas casas à noite, esperando que os coelhos que haviam soltado na ilha provessem comida suficiente para os perigosos homens-bestas.

Não se sabe exatamente que espécie de técnicas cirúrgicas o Dr. Moreau usava, mas parece provável que ele tenha conseguido combinar criaturas por meio de processos cirúrgicos e, em seguida, aplicar transfusões de sangue e outras técnicas para fundir as criaturas no nível genético, desconsiderando as possibilidades de rejeição do corpo estranho. Segundo Moreau, nenhum ser humano era prejudicado na criação de seus animais antropomorfizados. Ele explicou que, pela transferência de um tecido de uma criatura para outra, ou por

---

4. Ver Dr. Victor Frankenstein, páginas 111-119.

sua transferência de um lugar para outro no mesmo animal, é possível transplantá-lo em formas humanas e alterar seu futuro crescimento. Essa afirmação pode ser ou não verdadeira. As bestas de Moreau não tinham nada de perfeito. Andavam de modo desengonçado e suas proporções eram canhestras. Muitas tinham membros inúteis, corcundas e cabeleiras nunca antes vistas. Todas tinham a face deformada e mãos com formas incomuns. Contudo, não há nenhuma dúvida de que o conhecimento do Dr. Moreau de técnicas cirúrgicas de transplante estava muito além de seu tempo.[5]

Pouco à vontade em sua própria pele?

O interesse do Dr. Moreau em modificar animais pode ter tido sua origem num desejo subconsciente de buscar compensação para seus próprios problemas físicos. O doutor sofria de uma doença de pele não identificada que o obrigava a limitar sua exposição ao sol. Numa versão filmada sobre a vida do Dr. Moreau, ele usa chapéu de abas largas, óculos de sol com proteção extra nas laterais e capuz, além de uma espessa camada de pó branco como protetor solar. Por isso, o Dr. Moreau tinha uma aparência terrivelmente pálida e talvez se sentisse pouco à vontade com ela.

Psicopatologia: narcisismo

Acima e além dos sintomas de mania de grandeza, que podem ser temporários, o Dr. Moreau exibe muitos sintomas de distúrbio de personalidade narcisista, que é com frequência um problema intratável. Os portadores desse transtorno são tão preocupados consigo mesmos e autocentrados que não sentem empatia por ninguém e nutrem crenças grandiosas a respeito de si mesmos.

Não se dá ao trabalho de explicar suas pesquisas. Quando alguém de fora vai à ilha do Dr. Moreau, ele se recusa a dar qualquer informação sobre

---

5. O Dr. Seth Brundlefly só faria combinações de DNA humano e animal via teletransporte cem anos mais tarde.

suas pesquisas. Além disso, apesar das contribuições que promovem avanços rápidos no campo da biologia, o Dr. Moreau não sente nenhuma necessidade de compartilhar suas descobertas com o resto da comunidade científica. Na verdade, não parece que ele tem o desejo de ser reconhecido por seus iguais. Isso provavelmente se deve ao fato de ele, em seu narcisismo, acreditar que era dotado de um brilhantismo único, capaz de ser compreendido apenas por um pequeno grupo seleto de pessoas.

Exige admiração desmesurada. O Dr. Moreau usa algumas de suas criaturas como seus serviçais e animais de estimação. Como elas sobrevivem, mas sem chegar ao equilíbrio perfeito entre homens e animais almejado pelo Dr. Moreau, o único propósito de suas vidas parece ser esperar por ele e admirá-lo. Em vez de considerá-lo como seu igual, muitas de suas criaturas servis parecem vê-lo como pai ou como alguma espécie de divindade encarnada. Muitos dos híbridos mais humanos idolatram ativamente o Dr. Moreau, entoando hinos de louvor a sua grandeza e poder.

Atribui uma importância exagerada a si mesmo. Embora o Dr. Moreau tenha tido a oportunidade de simplesmente abandonar sua linha de pesquisas quando sua universidade a rejeitou, ele dava tanta importância a si mesmo que considerava ter o direito de levar seus projetos adiante sem se importar com os ditames acadêmicos. Esse é um exemplo clássico de como o narcisismo de um cientista maluco pode levá-lo a praticar atos criminosos e ilícitos: o Dr. Moreau acredita que seus talentos sejam tão fenomenais que o colocam acima da lei e o eximem da moralidade que norteia o resto da civilização.

Tortura reiterada de outros seres humanos e animais. Embora causar dano a outros também seja um sintoma do transtorno de personalidade antissocial, no caso do Dr. Moreau essa prática é provavelmente movida por sua falta de empatia pelos outros, também um sintoma do transtorno de personalidade narcisista. O Dr. Moreau simplesmente não reconhece os sentimentos dos outros, nem mesmo daqueles que se contorcem de dor em sua mesa de vivissecção. Sua visão idealista de que "humanizar" suas vítimas animais é um favor que está prestando a elas supera todos os sinais reveladores de tortura e exploração. Do lado positivo, o Dr. Moreau não parece ter prazer em torturar outras criaturas, como é o caso de outros cientistas malucos.[6]

Autoconfinamento físico e moral. Além dos traços narcisistas já mencionados, o Dr. Moreau afastou definitivamente a possibilidade de manter qualquer troca com outros cientistas (e, também, com a maioria do resto da humanidade). Depois de ter sido banido da Inglaterra, Moreau viveu isolado numa ilha por mais de dez anos. O afastamento do convívio humano pode exacerbar os problemas psicológicos já existentes. O resultado dos anos passados sozinho ou apenas na companhia dos animais geneticamente modificados se evidencia quando o Dr. Moreau decide nem se dar ao trabalho de lidar com o pânico de seu único visitante diante dos animais grotescos com os quais se depara – ele vê o caso como uma perda de tempo. O Dr. Moreau obviamente perdeu a noção da distância com que se desviou da norma. Mesmo numa ilha deserta, o Dr. Moreau prefere passar sozinho a maior parte de seus dias, trabalhando com suas criaturas numa sala de cirurgia manchada de sangue.

Conclusão

O Dr. Moreau usou seus conhecimentos de vivissecção para brincar de ser Deus, gerando com suas combinações de partes humanas e animais monstrengos que o idolatravam como se ele fosse uma espécie de divindade. Os traços narcisistas do doutor o incentivaram a realizar seu trabalho sozinho, evitando críticas a seus métodos incomuns e elevando a ciência maluca a novos níveis de horror. No final, o Dr. Moreau é morto pelas patas de sua última criação, uma onça semi-humana que se livra de suas correntes para vingar-se do miserável que a fez sofrer.

---

6. O químico da CIA, Sidney Gottlieb, comprazia-se em ministrar drogas psicoativas a outras pessoas, inclusive seus amigos, colegas de trabalho e moradores de rua que ele encontrava ao acaso.

Diagnóstico

Eixo I: Distúrbio alucinatório, caracterizado pela mania de grandeza.

Eixo II: Transtorno de personalidade narcisista.

Eixo III: Doença de pele não identificada.

Eixo IV: Ambiente doméstico perigoso devido à presença de criaturas potencialmente violentas.

Eixo V: AGF ou Avaliação Global do Funcionamento = 55 – dificuldades moderadas: poucos amigos humanos; conflitos com seus iguais; isolamento social.

DR. STANLEY MILGRAM

(1933-1984)

"Relativamente poucos participantes [de minhas pesquisas] sentiram mais tensão do que um sujeito roendo as unhas enquanto assiste a um bom filme de suspense de Hitchcock."
Dr. Stanley Milgram

Lugar de nascimento: O Bronx, Nova York, Estados Unidos.
Principal ambição: Descobrir o que leva um ser humano a fazer o que faz.
Filiação política: Partido Republicano.
Preferências: Arremessar flechas sob efeito do peiote; aplicar choques elétricos em pessoas.
Fato menos conhecido: Inventou o conceito de "seis graus de separação".
Suposto QI: 158 (extraordinariamente alto).
Passatempo preferido: Persuadir as pessoas a acreditarem que ele tinha poderes extrassensoriais.

Genialidade:

Insanidade:

Introdução

Stanley Milgram foi o fundador da psicologia social que baseou seus experimentos nos princípios da obediência. É consenso para todos que Stanley Milgram foi um homem extremamente inteligente, cuja curiosidade voraz parece ter superado qualquer melindre quanto a levar seus experimentos psicológicos aos limites extremos da experiência humana. Em experimentos com cidadãos comuns e consigo mesmo, Milgram aplicava choques elétricos, ministrava drogas alucinógenas e até mesmo o que nos dias de hoje seria considerado por muitos como tortura mental. Embora suas práticas se desviassem em muito das normas toleráveis, e embora muitos o considerassem um experimentalista arrogante sempre disposto a brincar de ser Deus, suas pesquisas estabeleceram os alicerces da psicologia social e expuseram as tendências perversas ocultas que pulsam logo abaixo da superfície mesmo em pessoas tidas como normais (sim, até mesmo de sua querida mamãezinha!).

Retrato de um cientista social

Os professores de Stanley Milgram observaram seu alto nível de inteligência já no jardim de infância, mas foi apenas após ter sido submetido a um teste de inteligência na escola secundária que ele foi colocado em classes mais avançadas. Como o resultado do teste revelou que seu quociente de inteligência (QI) era de 158, o intelecto de Milgram foi avaliado como "extremamente elevado". A média do QI é 100 e os testes de 68% da população revelam quocientes entre 85 e 115. Outros 14% têm quocientes entre 116 e 130, e apenas 2% alcançam resultados entre 131 e 145. Dos cerca de trezentos milhões de norte-americanos, apenas cerca de quarenta milhões superam a marca de 145. Em outras palavras, Milgram era mais inteligente do que a maioria dos norte-americanos.

Dono de um cérebro privilegiado, Milgram não encontrou dificuldade para frequentar os salões acadêmicos do Queens College, onde estudou ciências políticas, como tampouco da Harvard University, onde em 1960, aos 27 anos de idade, recebeu seu Ph.D. em psicologia social. O primeiro emprego de Milgram foi como professor assistente na Yale University. Após três anos, ele retornou a Harvard para trabalhar como professor. Mas nunca conseguiu um cargo estável de professor em Harvard, o que para muitos se deveu à publicidade negativa em torno dos métodos experimentais não ortodoxos e discutíveis do ponto de vista ético que foram a marca de sua carreira acadêmica.

Durante a infância de Milgram, ocorreu uma série de incidentes que determinaram o tipo de cientista que ele se tornaria. Em primeiro lugar, deve-se observar que o fato de ter um QI elevado não constitui nenhuma garantia de que a criança não irá cometer nenhuma estupidez. No caso de Milgram, ele e alguns amigos misturaram substâncias químicas explosivas de um laboratório de química e as fizeram descer pela beira de uma ponte para dentro de um rio. A explosão resultante foi suficientemente alarmante para que alguém chamasse os bombeiros. Além de se meter em encrencas com seus amigos, Milgram também aprontava travessuras com seu irmão. Numa ocasião, os irmãos Milgram montaram um esquema sofisticado de truques e mentiras para convencer um amigo de que Stanley tinha poderes extrassensoriais. Aquele amigo pode ter sido a primeira *cobaia* (termo usado no contexto de pesquisas para designar o objeto de estudo ou participante de um experimento) dos experimentos de Milgram. Desde criança, Stanley Milgram planejou minuciosamente e conduziu experimentos que envolviam fraude e controle dos outros.

Revelando o mal oculto

A questão mais famosa proposta por Stanley Milgram era simples: O quanto de dor uma pessoa pode infligir a outro ser humano se estiver cumprindo ordens de alguma autoridade? Uma série de experimentos anteriores havia demonstrado que as pessoas tendem a acreditar nas crenças do grupo, inclusive a ponto de mudar sua resposta quanto ao comprimento de uma linha para estar de acordo com todos os outros, mesmo que o grupo esteja redondamente enganado. Mas Milgram não se satisfez com esses resultados; ele queria investigar as respostas das pessoas às autoridades quando algo muito mais importante do que o comprimento de uma linha estivesse em jogo. Fazendo uso de sua enorme capacidade criativa e de sua experiência em planejar experimentos, Milgram preparou um que lhe daria uma resposta de grande estilo a essa pergunta, apesar de envolver trapaça e infligir trauma mental.

Milgram convidava uma grande variedade de pessoas, desde estudantes da Yale University até soldadores de meia-idade e empertigadas senhoras idosas, para irem a seu laboratório. As pessoas eram informadas de que participariam de um estudo sobre os efeitos do castigo sobre a aprendizagem. Cada participante convidado iniciava o experimento, formando uma dupla com outro, que era na verdade um membro cooptado da equipe de pesquisadores. Ambos, participante convidado e cooptado, deviam então tirar um pedaço de papel que determinaria quem seria o "professor" e quem seria o "aprendiz" no experimento. A todos os participantes convidados cabia o papel de professor. Um membro oficial da equipe que conduzia o experimento, identificado pelo uniforme do laboratório, explicava que ao aprendiz seria ensinada uma lista de palavras e que, a cada erro que cometesse, receberia um choque leve. O participante convidado ficava observando o aprendiz cooptado ser levado para uma sala adjacente, onde era amarrado a uma cadeira e eletrodos colocados em seus braços. A atenção que Milgram dava aos detalhes era minuciosamente programada, pois nesse momento o membro cooptado amarrado para cumprir o papel de aprendiz mencionava casualmente que sofria de um problema cardíaco. O participante convidado era então levado para uma sala, onde lhe era mostrada uma máquina sofisticada com fios saindo de trás, na qual constava: "GERADOR DE CHOQUE, TIPO ZLB, DYSON INSTRUMENT COMPANY, WALTHAM, MASSACHUSETTS. POTÊNCIA 15 – 450 VOLTS". Havia trinta interruptores no painel da máquina dispostos de acordo com a potência de seus choques, que ia de "choques leves" até "choques intensos", e acima desses níveis, a simples indicação agourenta "XXX".

Já com sua base fraudulenta solidamente instituída, a parte da tortura mental do experimento estava pronta para começar. O "professor" recebia instruções para começar com o interruptor um e a aumentar o nível do choque toda vez que o aprendiz cometesse um erro. E o coitado do aprendiz cooptado cometia muitos erros. Cada erro subsequente e aumento do nível do choque extraía gritos de dor do aprendiz.[1] Se o professor hesitasse em dar o choque do nível seguinte, o membro oficial da equipe que conduzia o experimento identificado pelo uniforme do laboratório seguia uma sequência fixa de ordens pronunciadas com calma e autoridade, dizendo: "Por favor, continue!" e "Se o aprendiz não der a resposta dentro de uma medida de tempo razoável, siga o mesmo procedimento que vem aplicando às respostas erradas".

Finalmente, esses procedimentos foram aplicados com algumas variações em experimentos conduzidos com centenas de participantes. Os resultados demonstraram que as pessoas se dispõem cegamente a infligir dor a outras quando as ordens vêm de alguma autoridade constituída. Na primeira sequência de experimentos, 65% dos participantes aplicaram choque até o nível de "450 VOLTS/XXX", apesar de ouvir os gritos histéricos seguidos de silêncio mortal dos aprendizes, que erravam as palavras e acabavam pagando caro por isso. Alguns dos participantes mostravam-se mais nervosos e confusos do que outros na execução de sua tarefa, mas a maioria simplesmente obedecia. Depois de terem infligido o nível mais elevado de choque disponível, eles eram informados de que o aprendiz não havia realmente recebido choque. (Mais ou menos como uma versão pra lá de sádica de *Candid Camera* ou *Punk'd* [programas de "pegadinhas"], só que com menos risada e mais tortura mental.) Depois de passar anos conduzindo tais experimentos, Stanley Milgram concluiu que a maioria das pessoas, independentemente de suas *características demográficas* (definidas como sexo, idade e nível socioeconômico), se dispõe a cum-

---

1. Para saber se a intensidade da dor dos participantes de cada experimento era a mesma, tais urros e gritos de sofrimento incomensurável eram gravados.

prir ordens desde que acreditem que elas venham de uma autoridade legítima, como a que se identifica pelo uniforme oficial do laboratório. Mas Stanley Milgram não havia contado com a reação da publicidade: as pessoas ficaram tanto revoltadas com os métodos utilizados por ele quanto horrorizadas diante dos aspectos obscuros da natureza humana revelados pelo experimento.

Criatividade e uso de substâncias químicas

O brilhantismo intelectual que distinguia Stanley Milgram de muitos de seus colegas era a capacidade que ele tinha para aplicar modelos experimentais a fenômenos sociais complexos. Tal flexibilidade e criatividade já eram bastante evidentes quando Milgram era criança, mas pareceram aumentar com o tempo. Essa flexibilidade mental pode ter sido influenciada por estímulos dos meios acadêmicos nos quais Milgram escolheu mergulhar ou pela série de substâncias estimulantes que ele resolveu fumar, tragar ou cheirar. Era extremamente difícil ser cientista num período conturbado como o das décadas de 1950 e 1960 – teorizava-se muito a respeito do poder das drogas alucinógenas como meio de expandir a consciência e aumentar a criatividade. Isso ocorria em parte com base em depoimentos de seus usuários dizendo que tais drogas induziam a *sinestesia*, experiência na qual o estímulo de um sistema sensorial leva à percepção em outro, como ao ouvir uma música, a pessoa vê imagens correspondentes aos sons produzidos por ela. Milgram dispôs-se a mergulhar de cabeça na exploração dessa nova via de acesso à criatividade.

Enquanto estudante do nível de graduação, e juntamente com alguns de seus colegas da Harvard, Stanley Milgram usou peiote, um cacto que contém mescalina, uma das mais antigas drogas alucinógenas conhecidas. Além da experiência de sinestesia, a mescalina pode produzir imagens mentais vívidas e visão distorcida, outras experiências sensoriais intensificadas e percepções alteradas do espaço e do tempo. Além de peiote, consta que Milgram tenha usado ocasionalmente maconha, cogumelos psicodélicos, cocaína e anfetaminas. Apesar de nenhum estudo ter demonstrado conclusivamente que o uso de drogas aumenta a criatividade, a capacidade de Milgram para criar métodos experimentais com o propósito de sondar as profundezas da mente humana pode ter resultado de sua exploração dos efeitos das drogas em si mesmo. Por outro lado, muitos dos efeitos das drogas alucinógenas devem-se às *expectativas* do usuário, ou às experiências que esperam ter.[2] O aumento da criatividade de Milgram pode ter ocorrido porque, como muitos outros cientistas da época, era o que ele esperava que ocorresse.

Psicopatologia: narcisismo ou autoconfiança justificada?

Julgue-o como quiser, mas ninguém pode afirmar que Stanley Milgram não teve a ousadia e a autoconfiança de um cientista maluco. Em 1954, ele se inscreveu no programa de pós-graduação em psicologia social da Harvard University, apesar de nunca antes em sua vida ter feito um curso de psicologia. O departamento recusou-se a admiti-lo, argumentando que ele não sabia nada de sociologia nem de psicologia. Em resposta, Milgram apelou diretamente para o chefe do departamento e se inscreveu secretamente em seis cadeiras de ciências sociais de três diferentes faculdades num mesmo verão. Essa persistência deu certo e o departamento acabou admitindo-o em fase de experiência. Milgram certamente acreditava em si mesmo, e foi essa autoconfiança que em muitas ocasiões ajudou-o a conseguir o que queria.

Mas existem situações em que apenas autoconfiança, por mais elevada que seja, não basta. Em 1960, Milgram recorreu ao governo em busca de financiamento para seu estudo do peiote. Sua proposta era que os participantes ingerissem a substância antes de serem submetidos a uma série de testes cognitivos e físicos para avaliar suas percepções estéticas de obras de arte. O governo dos Estados Unidos não se mostrou entusiasmado com a ideia de gastar dinheiro com pesquisas sobre expansão da consciência por meio do uso de drogas. Mas o que teria levado Milgram a supor que pudesse obter financiamento para tal finalidade?

Alguém poderia argumentar que tal tipo de comportamento é característico de uma pessoa com um senso inflado de importância e valor próprios, um

---

2. Para saber mais sobre os efeitos provocados pela expectativa, ver Dr. Jekyll, páginas 151-159.

dos sintomas típicos do transtorno de personalidade narcisista. É comum esse tipo de personalidade narcisista sentir-se no direito de posse e contar com um tratamento diferenciado. Stanley Milgram pode ter esperado obter o financiamento para seu projeto de pesquisa sobre os efeitos do peiote simplesmente porque se considerava "especial". A resposta de Milgram à recusa de financiamento foi usar peiote com alguns amigos e realizar experimentos controlados sobre a capacidade deles para arremessar flechas. Os dados coletados dessa abominável experiência de arremesso de flechas foram ordenados e catalogados para publicação sem qualquer ajuda do governo. Seja qual for a justificativa científica para se estudar uma brincadeira de bar sob a influência de uma droga, também aqui podemos constatar a persistência e a criatividade de Milgram em ação. A importância que ele às vezes dava a si mesmo parece ser amplamente justificada. O que Stanley Milgram não era capaz de conseguir com sua inteligência e criatividade, ele conseguia com persistência e obstinada autoconfiança.

Surpreendentemente sádico?

Para o senso comum, dar choques em outras pessoas (mesmo que seja num experimento altamente controlado) pode parecer uma prática *sádica* – a obtenção de prazer do ato de infligir dor. Entretanto, o único diagnóstico psicológico relacionado com o sadismo envolve a categoria de transtornos de identidade com respeito a sexo e gênero. Por exemplo, conclui-se pelo diagnóstico de *sadismo sexual* quando um indivíduo acha sexualmente excitante o sofrimento psicológico ou físico de uma vítima e atua com base nessa excitação sem o consentimento do outro. Não há nenhuma prova de que Stanley Milgram tenha sentido qualquer excitação, de ordem sexual ou qualquer outra, ao dar choques em outras pessoas. Por outro lado, pode-se argumentar que, ao continuar fazendo seus experimentos com choques, Milgram demonstrou uma total desconsideração pela segurança dos outros, um sintoma do transtorno de personalidade antissocial. Mesmo assim, a desconsideração de Milgram não era pela segurança física das pessoas, uma vez que o experimento não era fisicamente arriscado. Se houve alguma desconsideração da parte dele, essa foi para com o possível sofrimento psicológico infligido aos participantes de seus experimentos.

Os experimentos de Milgram foram realizados antes de terem sido estabelecidas normas de segurança para o estudo envolvendo cobaias humanas, coisa que ele mesmo chegou a perceber. Milgram referiu-se muitas vezes ao fato de a maioria dos participantes mostrar-se satisfeita por ter participado de estudos que contribuíram para entendermos melhor por que as pessoas obedecem à autoridade. Entretanto, ele também tomou a decisão pessoal de não levar adiante estudos em que os participantes eram ludibriados, dizendo: "Não é correto atrair as pessoas para um laboratório e submetê-las a uma situação exaustiva e desagradável". Apesar de ter parado de fazer tais experimentos, Milgram continuou se envolvendo em debates sobre como deveriam ser tratadas as pessoas que participavam deles. Stanley Milgram cunhou o conceito *debriefing* ("acerto de contas"), para designar o procedimento pelo qual os participantes, após o término do experimento, eram informados de que haviam sido ludibriados e de poderem reagir na presença do responsável pelo experimento, para que eles não acabassem saindo do experimento excessivamente ressentidos.

Conclusão

Os estudos de Milgram levantaram um debate no campo da psicologia quanto à ética em experimentos que enganam os participantes. Os pesquisadores que quiserem hoje usar esse recurso terão de fornecer um argumento convincente de que os fins justificam os meios, ou seja, de que o benefício a ser ganho em termos de conhecimento excede os riscos físicos ou psicológicos aos quais os participantes são submetidos. Além disso, a prática de "acerto de contas" introduzida por Milgram serviu de protótipo para todos os psicólogos e fez com que os órgãos em defesa da ética começassem a exigi-la de todos os experimentos nos quais os participantes eram ludibriados. Todas as propostas de experimentos com sujeitos humanos devem hoje incluir um tópico intitulado

"Proteção das Cobaias Humanas". Indiretamente, os experimentos de Milgram acabaram tornando todos nós um pouco mais protegidos dos ensaios experimentais das novas gerações de cientistas.

Diagnóstico

Eixo I: Histórico de uso de substâncias alucinógenas.
Eixo II: Sem diagnóstico.
Eixo III: Sem diagnóstico.
Eixo IV: Recebeu altos níveis de atenção da mídia.
Eixo V: AGF ou Avaliação Global do Funcionamento = 85 – sintomas mínimos: uso temporário de substâncias; nível moderado de ansiedade; altercações ocasionais com o público.

VICTOR FRANKENSTEIN

(Surgiu originalmente como personagem do romance de Mary Shelley, *Frankenstein*, em 1831)

"Você ouvirá falar de poderes e acontecimentos que está acostumado a considerar impossíveis."
Dr. Victor Frankenstein

Nacionalidade: Suíça de nascimento.
Principais ambições: Criar vida; destruir a vida que acabou de criar.
Preferências: Eletricidade; corcundas.
Aversões: Brincar de ser Deus e ser considerado como tal.
Apelido: O Prometeu Moderno.

Genialidade: ★★★★★

Insanidade: ★★★★★

Introdução

Como figura de peso com presença constante tanto nas telas do cinema como em páginas de livros, Victor Frankenstein é o protótipo clássico de todos os cientistas malucos. Embora suas intenções iniciais não fossem malévolas, ele foi arrastado para o mal em sua mesma busca por conhecer os princípios fundamentais da vida. Por fim, Victor Frankenstein acabou exercendo o poder divino de dar vida à carne inanimada. Ele foi incapaz de resistir a usá-lo para gerar uma criatura com características humanas, só para ver se conseguia. Dominado por sua tendência para trabalhar compulsivamente, os esforços de Frankenstein em seu laboratório acabam atraindo a desgraça para toda a sua família. O cientista maluco foi surpreendentemente tomado pelas emoções e teve de lutar com suas tendências depressivas e maníacas. Quem poderia afirmar que, quando Frankenstein não estava gritando "Ele está vivo!" para o céu, ele de fato mostrava um lado extremamente sensível?

Retrato de um cientista

Victor nasceu em Genebra, na Suíça, como o primeiro filho de um funcionário público e de sua esposa. Ele descrevia seu pai como um homem bom e dedicado à educação dos filhos. Victor aprendeu latim e inglês quando ainda era pequeno, como também desenho e literatura. Durante a infância, teve um melhor amigo e recorda carinhosamente as brincadeiras de ser Robin Hood que fazia com ele. Infelizmente a tragédia se abateu sobre a família Frankenstein com a morte da mãe, acometida de escarlatina quando Victor tinha apenas 17 anos.[1]

Existem fortes evidências de que Victor era extremamente inteligente, dotado de talentos especiais para se expressar verbalmente. Consta que desde criança, ele gostava de ler livros e dramas e era considerado uma criança curiosa e esperta. Ele escolhia para ler livros complicados que estavam bem acima de sua faixa etária. Como adulto, Victor se mostra eloquente e culto, adjetivos usa-

---

1. O matemático maluco Oliver Heaviside também teve escarlatina, uma doença comum na era pré-industrial.

dos frequentemente para descrever indivíduos com alto nível de inteligência verbal. Os médicos costumam ter um nível extremamente elevado de raciocínio verbal, capacidade essa que contribui para que eles possam fazer diagnósticos complexos que requerem clareza de raciocínio.

Depois de ter sido educado em casa por seu pai, Victor começou a demonstrar interesse pela filosofia. Um dos textos que Victor leu era de Cornelius Agrippa, sobre filosofia oculta. O texto incluía capítulos sobre tópicos como reanimação de mortos, constituição do homem, atração de dons celestiais e sobre como as paixões da mente podem atuar sobre o corpo de outra pessoa. Apesar de seu pai dizer que a obra de Agrippa era "lixo execrável", Victor mostrava-se fascinado por tudo que dizia respeito a magia, filosofia e constituição humana.[2] Ele começou a pesquisar em busca do elixir da vida e almejava trazer fantasmas e demônios de volta à vida com a ajuda da eletricidade.

Quando jovem Victor frequentou a Universidade de Ingolstadt, onde estudou filosofia natural, envolvendo basicamente conhecimentos de química e medicina. Victor ficou especialmente fascinado por um de seus professores, por dizer que os cientistas eram capazes de operar mágica e por inspirá-lo a estudar todas as áreas da ciência.

Realizações científicas: biologia maluca

Victor Frankenstein começou a investigar o que provocava a degeneração do corpo humano e o que dava vida a ele. Como outros cientistas malucos, Victor entregava-se facilmente a seu trabalho e há evidências de que ele era um trabalhador compulsivo.[3] Apesar de esse termo não impor um diagnóstico, o envolvimento exacerbado com o trabalho pode causar sérios problemas clínicos e interpessoais. Quando as tendências a trabalhar compulsivamente provocam problemas graves, elas são caracteristicamente consideradas capazes de ser diagnosticadas como problema ocupacional, ou, se o trabalho excessivo está

---

2. O notável cientista maluco construtor de foguetes Jack Parsons cultivou uma crença igualmente forte no poder do oculto.

3. Marie Curie também foi considerada uma trabalhadora compulsiva.

causando problemas nos relacionamentos, como um problema relacional. Seja como for, Victor trabalhava dia e noite sem parar, movido pelo desejo de desvendar os segredos da vida e da morte. Victor contou que passava dias a fio junto a sepulturas e cemitérios observando o processo de morte e decomposição. Por tudo isso, o Dr. Frankenstein nunca perdeu de vista o seu objetivo de reanimar tecidos mortos.

Sem pensar nas implicações maiores de seus atos, o Dr. Frankenstein passou meses recolhendo as partes necessárias do corpo para dar vida a uma criatura que tivesse as características de um ser humano. Ele disse que inicialmente não tivera a intenção de que essa criatura fosse grande, mas que achava mais fácil trabalhar com pedaços grandes de carne. Assim, sua criatura acabou tendo 2,43 metros de altura, feita das partes dos corpos que Frankenstein havia recolhido de túmulos, salas de dissecação e do matadouro de sua localidade e transportadas para o laboratório no sótão de sua casa.

Existem algumas evidências de que Frankenstein era impulsionado em seu trabalho por sintomas maníacos, como ânimo elevado, ímpeto e produtividade. Frankenstein descreve a si mesmo como portador de "impulso frenético" a prosseguir em seu trabalho e que esse o absorveu a ponto de deixar de se corresponder com sua família. Ironicamente, enquanto o Dr. Frankenstein labutava para gerar vida, sua própria saúde se deteriorava e, pelo que consta, ele definhava de tanto trabalhar.

O monstro de Frankenstein é muitas vezes chamado erroneamente de "Frankenstein", mas no livro de Mary Shelley, ele é referido como sua criatura, demônio, espírito maligno, diabo e canalha. Não há nenhuma dúvida de que o que o Dr. Frankenstein conseguiu realizar com sua criação do monstro era contrário às leis da natureza e, de fato, ele chama sua criatura de "inseto vil". Mas ele também se refere a seu trabalho com orgulho, gabando-se do cabelo "preto lustroso e esvoaçante" e dos dentes "brancos perolados" da criatura. Esse encantamento se desfaz no instante em que o monstro ganha vida, e o Dr. Frankenstein vê-se diante do resultado concreto de sua pesquisa científica.[4]

---

4. Os cientistas malucos nem sempre gostam do que criaram. O Dr. Henry Jekyll também ficou horrorizado diante do resultado de seu mais avançado experimento científico.

O resultado da reanimação: horror e alucinações

Foi apenas depois de sua criatura ganhar vida que o Dr. Frankenstein sentiu seu coração encher-se de "horror e repugnância de tirar o fôlego". Quando o monstro tenta tocá-lo, o Dr. Frankenstein, temendo por sua própria vida, sai correndo. Diante de tal situação traumática, ele recorre à fuga como estratégia para não ter de lidar com o monstro que criou. *Estratégias* são recursos que as pessoas usam para minimizar, tolerar ou suportar fatos que provocam medo. O uso de estratégias de fuga está relacionado a dificuldades de aceitar os fatos traumatizantes e incluem abordagens como recorrer a distrações para tentar não pensar no problema. Por todo um dia, Victor Frankenstein simplesmente não sobe a seu laboratório no sótão, onde está a grotesca figura desengonçada de pedaços de cadáveres reanimados. Quando um velho amigo aparece na cidade e comenta que ele parece doente, Victor evita falar sobre o que aconteceu.

Quando a criatura foge, Victor chega a sentir um pouco de alívio, achando que poderá finalmente ter o descanso de que tanto necessita. Logo em seguida, no entanto, Victor manifesta sintomas de psicose, incluindo alucinações de que o monstro está atacando-o.[5]

Preocupado, o amigo em visita obriga o Dr. Frankenstein a permanecer na cama, onde ele fica, delirando com monstros, por meses: mesmo depois de estar praticamente recuperado, Frankenstein conta que a visão e o cheiro de substâncias químicas o assustavam, mas ele consegue retomar plenamente suas atividades e seus estudos dentro de um ano. Mas desgraçadamente os horrores de Victor estavam apenas começando. Depois de ter praticamente esquecido a criatura, Victor recebeu uma carta revelando que seu irmão mais novo havia sido assassinado. Ao voltar para a casa de sua família, Victor vê sua criatura à espreita nas proximidades de sua cidade natal e fica claro para ele que fora o monstro que matara seu irmão. Um amigo da família é julgado e executado pelo crime, de maneira que Victor carrega o peso também do horror de saber que sua criatura matara seu irmão e que uma pessoa inocente pagara pelo crime.

---

5. Para uma explanação mais detalhada do distúrbio do stress pós-traumático, ver página 65.

Finalmente, o Dr. Frankenstein encontra seu monstro na montanha, quando a criatura, rejeitada por todos, solicita seus cuidados médicos. Como prova dos conhecimentos de biologia do Dr. Frankenstein, a criatura se revela sensível, articulada, inteligente e capaz de se expressar verbalmente. Mas como seu criador, também o monstro de Frankenstein fora levado à desgraça pelo conhecimento adquirido. Percebendo que é uma monstruosidade e não um verdadeiro ser humano, o monstro de Frankenstein deseja não ter aprendido a falar. A criatura convence o bondoso médico a criar para ele uma companheira, jurando que deixará todos os humanos em paz se tiver uma única pessoa para amar. Como o Dr. Frankenstein se demora muito em decidir, o monstro mata sistematicamente o melhor amigo do doutor e, em seguida, sua esposa.

Psicopatologia: melancolia

Depois de ter suportado a perda de tantos familiares, Victor Frankenstein começa a viajar pelo mundo à procura de seu monstro. Foi no decorrer dessa missão solitária que ele começou a desenvolver sintomas mais severos de depressão. Na época de Frankenstein, as doenças físicas e mentais eram muitas vezes consideradas como causadas por desequilíbrios nos *humores*, que eram fluidos orgânicos naturais. Sangue, bílis secretada pelo fígado, fleuma e bílis secretada pelo baço e rins eram considerados fatores de saúde fisiológica e mental quando devidamente equilibrados, mas o excesso de bílis secretada pelos rins e baço poderia resultar na melancolia. Um médico do século XIX poderia ter diagnosticado Frankenstein como portador de desequilíbrios nos humores causados, especialmente, pelo excesso de bílis secretada pelos rins e baço. Na realidade, muitos dos sintomas da melancolia seriam hoje considerados sintomas da depressão.

Sono conturbado. De acordo com o que é descrito, o médico dormia mal e rangia os dentes durante o sono. De fato, os distúrbios do sono são com frequência sintomas da depressão. A insônia é o distúrbio do sono mais comum entre as pessoas deprimidas, das quais 80% se declaram com dificuldade para pegar no sono ou para continuar dormindo. Pode ser que os distúrbios do sono provoquem mudanças de humor, uma vez que não dormir o suficiente pode desarranjar o equilíbrio das substâncias químicas do cérebro, como a serotonina e a dopamina, responsáveis pelos humores. No caso de Victor Frankenstein, sua impossibilidade de dormir pode ter sido causada por "culpa e preocupação" que, com o tempo, levou ao agravamento de seus sintomas depressivos.

Desânimo ou estado depressivo. O Dr. Frankenstein é descrito como alguém "destruído pelo sofrimento" e "vencido pela melancolia". O estado depressivo pode ser relatado pelo próprio sofredor ou observado por outros pelas suas demonstrações, como choro ou tristeza. No caso de Frankenstein, ele próprio relata que se sente deprimido, mas também os outros o veem melancólico e infeliz por um período superior a duas semanas, preenchendo com isso os critérios que confirmam o diagnóstico de depressão severa.

Sentimentos de inutilidade ou de culpa exacerbada. É difícil avaliar se os sentimentos de culpa de Victor Frankenstein por ter criado seu monstro são exacerbados ou apropriados aos atos praticados. Seja como for, Victor manifesta uma culpa exacerbada e, por isso, retrai-se a uma vida solitária. É compreensível que ele tenha sentimentos de culpa, uma vez que seu experimento científico resultou num monstro que matou todos que ele amava.

Perda importante. Como no caso de Marie Curie, sua colega de ciência maluca, os sintomas depressivos de Victor Frankenstein foram precipitados por uma perda importante em sua vida. Estudos indicam que a maioria dos episódios depressivos ocorre em consequência de uma perda ou de uma mudança importante na vida, como o fim de uma relação amorosa, a perda de uma amizade, de um emprego ou uma mudança importante. No caso do Dr. Frankenstein, ele confessou que havia perdido "tudo" e que era incapaz de "recomeçar a vida". Além da perda de sua mãe na adolescência, Frankenstein estava provavelmente se referindo à perda de seu amigo, um ser humano digno e inocente que fora vítima da criatura que ele havia criado, e a subsequente perda de todos os seus relacionamentos significativos.

Conclusão

Victor Frankenstein era um trabalhador compulsivo com tendência a se isolar dos outros. Seus empreendimentos científicos foram impulsionados pelo desejo de entender os princípios fundamentais da vida e da morte e sua sede de conhecimento (e um pouco de mania) o instigou a fazer o que deveria ser cientificamente impossível: dar vida a um amontoado de pedaços de várias pessoas. Num prenúncio de que coisas piores estavam por acontecer, Victor demonstrou sinais alarmantes da psicose resultante da experiência traumática de ter dado vida a um zumbi.[6] Depois de sofrer as consequências de seus atos, o Dr. Frankenstein mergulhou num episódio depressivo da maior gravidade antes de ser morto pelo seu próprio monstro no Ártico.

Diagnóstico

Eixo I: Depressão profunda, com episódios graves e recorrentes; transtornos psicóticos não especificados (alucinações); perdas.
Eixo II: Sem diagnóstico.
Eixo III: Histórico de se alimentar mal.
Eixo IV: Vive em condições climáticas severas (o Ártico).
Eixo V: AGF ou Avaliação Global do Funcionamento = 30 – deficiências extremamente graves: cultiva ideias suicidas; depressão profunda; insônia.

---

6. Essa reação extremamente emocional pode se dever à natureza sensível do Dr. Frankenstein, uma vez que outros médicos malucos realizaram façanhas similares sem esse sofrimento (ver Dr. Moreau, páginas 93-100.

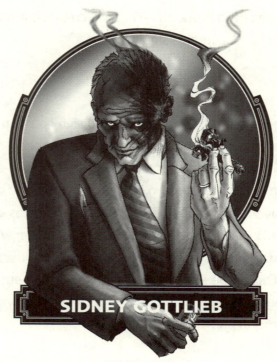

SIDNEY GOTTLIEB

(1918-1999)

"Este projeto [altamente confidencial] irá incluir... um estudo dos aspectos bioquímicos, neurofisiológicos e clínico-psiquiátricos do LSD"
Dr. Sidney Gottlieb

Lugar de nascimento: O Bronx, Nova York, Estados Unidos.
Principais objetivos: Derrubar Fidel Castro por quaisquer meios que se fizessem necessários; tornar-se mestre no controle da mente.
Preferências: Charutos cubanos embebidos de substâncias tóxicas; testar suas próprias misturas alucinógenas.
Aversões: Festas entediantes.
Apelidos: O Envenenador Número 1; O Espanto da Vida Real Americana; Doutor Esquisitão.
Cognome: Joseph Scheider.
Projeto favorito: MK-ULTRA, um programa secreto da CIA para investigar o controle da mente.

Fato menos conhecido: Deu a Timothy Leary sua primeira dose de LSD.

Condecoração: Medalha de Condecoração pela Inteligência.

Genialidade:

Insanidade:

Introdução

Sidney Gottlieb trabalhou para a Agência Central de Inteligência (CIA) no auge da Guerra Fria entre os Estados Unidos e a Rússia. Como chefe do departamento químico dos serviços técnicos da CIA, Sidney Gottlieb passou anos supervisionando experimentos temerários com as substâncias alucinógenas de recentes descobertas. Dispondo dessas novas drogas psicotrópicas e diante do fantasma da ameaça russa, Gottlieb parece ter achado que era seu dever impor a cada um e a todos seus experimentos repulsivos, inclusive a cidadãos inocentes. No decorrer de sua carreira, Gottlieb inventou centenas de técnicas de assassinato, a maioria visando eliminar o surpreendentemente inatacável Fidel Castro[1] e outros líderes mundiais. Químico talentoso com poucos escrúpulos morais, Sidney Gottlieb queria nada menos do que aperfeiçoar um método de controle da mente a tempo de derrotar os russos.

Retrato de um cientista

Sidney Gottlieb nasceu no Bronx em 1918, como filho de pais judeus ortodoxos que haviam emigrado da Hungria. O jovem Sidney tinha um problema de gagueira (que persistiu na idade adulta) e também havia nascido com um pé torto (que continuou afetando seu modo de andar depois de adulto). Alfred Adler, um dos pioneiros da psicologia infantil, desenvolveu uma teoria segun-

---

1. Fidel continuava vivo quando este livro foi para a gráfica e presume-se que esteja livre das tentativas de assassinato agora que Sidney Gottlieb morreu.

do a qual muitas crianças exageram na busca de compensação para tais deficiências físicas. Adler deu a isso o nome de *complexo de inferioridade*. Na realidade, Sidney apresentava sintomas de um complexo de inferioridade encoberto: para compensar sua dificuldade de expressão, ele fez mestrado em terapia da fala; e para compensar suas deficiências físicas, Sidney praticava religiosamente dança folclórica.

Sidney fez seus estudos de graduação na University of Wisconsin e recebeu seu Ph.D. em química pelo Instituto de Tecnologia da Califórnia em 1943, com especialização em substâncias químicas psicotrópicas e tóxicas. Enquanto estudava na Califórnia, Sidney conheceu em 1940 a mulher com quem se casaria. Apesar de a vida profissional do Dr. Gottlieb ter sido extremamente encrencada, não há nenhuma evidência de ter enfrentado dificuldades em sua vida privada. Ele e sua esposa foram felizes juntos e tiveram quatro filhos. Não se sabe absolutamente nada a respeito do que o Dr. Gottlieb fez entre os anos de 1943 e 1951, quando entrou para a CIA. Muitas pessoas acreditam que ele tenha trabalhado fazendo interrogatórios altamente secretos de prisioneiros para as Forças Armadas dos Estados Unidos durante a Segunda Guerra Mundial.

Realizações moralmente duvidosas

O Dr. Gottlieb tem sido considerado "O Envenenador Número 1 da América". Apesar de não haver nenhuma dúvida quanto a suas motivações serem execráveis, seus planos de assassinatos eram inegavelmente engenhosos. Seus conhecimentos de química o tornaram particularmente hábil em criar meios de transportar e fazer chegar a seu destino substâncias tóxicas sem reduzir sua potência. Cada uma das seguintes ideias foi submetida a pesquisa e planejamento, apesar de nenhuma ter sido levada até seu pleno propósito letal:

> ♩ Em 1960, Gottlieb tentou assassinar Lumumba, o então ditador do Zaire. Ele desenvolveu um meio para transportar uma bactéria letal originária da África numa substância que poderia então ser injetada no tubo de creme dental de Lumumba.

⚡ Como todos os cubanos, Fidel Castro também adora charutos. Gottlieb injetou botulino, um veneno mortal, nos charutos preferidos de Fidel Castro para lhe enviar numa caixa. Para a sorte de Fidel Castro, ninguém conseguiu encontrar um meio de fazer a caixa chegar até ele.

⚡ Gottlieb teve outras ideias para assassinar Fidel Castro, entre elas, canetas envenenadas, um macacão de mergulho envenenado e uma concha de molusco com explosivo.

⚡ Gottlieb também pensou em pulverizar LSD no estúdio da televisão de Fidel Castro para que parecesse doidão e confuso ao discursar para o povo cubano.

Métodos científicos antiéticos, ilegais e imorais

Não há nenhuma dúvida de que muitos dos métodos de pesquisa usados por Gottlieb e seus colegas eram antiéticos. Como muitos cientistas da época, Gottlieb acreditava que alucinógenos como o LSD pudessem ter muitas aplicações úteis e ele mesmo chegou a usar essa droga.[2] Gottlieb estava interessado em estudar os efeitos dessas drogas sobre o estado mental dos indivíduos, com o propósito de conseguir controlar a mente deles em benefício da CIA. Conquanto a questão da ética nas pesquisas envolvendo cobaias humanas estivesse começando a ganhar importância na esfera pública, a CIA operava secretamente e Gottlieb não se atinha a tais princípios.

Sob a operação MK-ULTRA, Gottlieb ajudou a montar experimentos para testar diversas técnicas de controle da mente, incluindo o uso de alucinógenos, terapia de eletrochoques e privação dos sentidos. Gottlieb acreditava que pudesse conceber um meio de apagar a identidade de um homem e substituí-la por outra, criando com isso o espião perfeito. Ele esperava também desenvolver e testar fórmulas que pudessem facilitar os interrogatórios com prisioneiros. Esses experimentos eram realizados com populações extremamente vulnerá-

---

2. Esse é um traço comum entre os cientistas malucos, algumas vezes com efeitos inofensivos (ver Dr. Stanley Milgram, contemporâneo de Gottlieb, páginas 101-110) e outras com efeitos desastrosos e até fatais (ver Dr. Henry Jekyll, páginas 151-159).

veis, inclusive com prisioneiros políticos detidos durante a Guerra do Vietnã, afro-americanos viciados em heroína aprisionados em Kentucky, prostitutas mal informadas e outros civis e agentes da CIA de boa-fé.

Operação Clímax da Meia-Noite. Um dos projetos de Gottlieb envolvia o uso de casas seguras da CIA em Nova York e San Francisco para realizar festas. Nessas festas, as prostitutas que trabalhavam para a CIA enchiam a cara de seus clientes com LSD ou outras drogas para observar os efeitos que a combinação de sexo e drogas poderia exercer sobre um agente ou prisioneiro que não sabia que estava sendo testado. Aqueles homens fora de si eram filmados e fotografados, além de entrevistados sob efeito dos alucinógenos.

Operação MK-PILOT. Gottlieb também supervisionou um experimento claramente antiético no qual dependentes químicos aprisionados eram recompensados com heroína por terem participado de experimentos de controle da mente. Tais participantes, além de motivados a "consentir" por serem viciados, também ofereciam a vantagem específica de estarem aprisionados e, nessa condição, podiam ser observados por longos períodos de tempo. Alguns daqueles indivíduos foram expostos a mais de dois meses de uso direto de LSD, o que, pelas conclusões de Gottlieb, teve poucos efeitos negativos.

Falta de consentimento explícito. Esses tipos de experimentos demonstram claramente a importância ética da obtenção de consentimento explícito de seus participantes. Pelo menos uma vítima morreu após a administração de uma droga. Os experimentos também mostram a força da *desumanização*. Em psicologia social, *desumanização* é o fenômeno pelo qual as pessoas propendem mais a praticar crueldade e violência contra outras se não as veem como seres humanos completos. No caso da operação MK-ULTRA, Gottlieb e seus colaboradores podem ter praticado tais atos deploráveis porque não consideravam dependentes químicos, prostitutas ou minorias étnicas como seres humanos completos.

Psicopatologia: transtorno de personalidade antissocial sancionado pelo governo

Apesar de muitos criminosos serem chamados de *sociopatas* ou *psicopatas*, esses termos não definem diagnósticos psicológicos ou psiquiátricos. Em vez disso, os pesquisadores em geral consideram tanto a sociopatia como a psicopatia falhas de personalidade que levam a práticas criminosas e antissociais. De acordo com os critérios atuais de diagnóstico, um indivíduo com traços marcantes de sociopatia ou psicopatia preenche os critérios de transtorno de personalidade antissocial. Como muitos outros cientistas malucos, Gottlieb apresenta alguns dos sintomas do transtorno de personalidade antissocial.[3]

Desconsideração total pela segurança dos outros. Sidney Gottlieb atacava constantemente suas vítimas inocentes colocando furtivamente LSD e outras substâncias alucinógenas em suas bebidas, mesmo sabendo que poderiam causar efeitos negativos. Em um episódio particularmente drástico, Gottlieb introduziu LSD na bebida de um dos próprios agentes da CIA, o Dr. Frank Olson, supostamente como uma espécie de brincadeira, ou talvez como preparação para um ataque potencialmente similar que pudesse vir dos russos. No início, o Dr. Olson ficou apavorado, mas nas semanas seguintes ao episódio, ele se mostrou extraordinariamente deprimido, ansioso, agitado e confuso. Logo depois, ele teve uma morte trágica ao despencar de um prédio de treze andares.[4]

Falsidade e mentira. Gottlieb acabou morrendo sem ter sido julgado culpado por qualquer crime. Isso se deveu em parte ao fato de ele ter ocultado a verdade, destruindo sistematicamente todos os registros da CIA relativos à sua participação nos experimentos de controle da mente, de aplicação do soro da

---

3. O Dr. Evil, Trofim Lysenko e o Dr. No também exibem algum grau desses sintomas.

4. O Dr. Frank Olson pode ter sido acometido do *distúrbio de percepção persistente provocada por alucinógenos*, no qual as alterações perceptuais de um alucinógeno persistem após a substância ter sido metabolizada.

verdade e venenos com seus métodos de entrega a seus destinatários que fizeram parte da operação MK-ULTRA.

Absoluta ausência de remorso. Não há quase nada que indique que Gottlieb tenha se arrependido de ter impiedosamente colocado a vida de outros em perigo. Entretanto, em 1972 ele acabou concluindo que os alucinógenos não eram meios úteis para se chegar ao controle da mente, uma vez que seus efeitos variavam dramaticamente de um indivíduo para outro.

Lobo frontal em perfeito funcionamento. Gottlieb não preenche totalmente os critérios que definem o transtorno de personalidade antissocial, por não agir impulsivamente e nem ser incapaz de planejar antecipadamente. Ao contrário, seus objetivos eram bem planejados de antemão e executados metodicamente. Existem de fato algumas evidências de que no contexto da Guerra Fria, Sidney Gottlieb acreditava estar desempenhando um papel essencial na luta em defesa da democracia e no combate ao comunismo em todo o mundo. Como Alex Luthor, Sidney Gottlieb também tinha uma faceta filantrópica e exibia alguns rasgos de solidariedade. Consta que, quando se aposentou e deixou a CIA, ele tenha prestado serviços como voluntário num hospital de leprosos na Índia por mais de um ano.

Conclusão

Sidney Gottlieb era perito em substâncias psicotrópicas e em operações clandestinas. Não há como negar que ele desvirtuou o uso do método científico, aplicando-o para estudar as reações das pessoas às técnicas de controle mental sem o consentimento delas, como tampouco que ele apresentava sintomas de transtorno de personalidade antissocial. Mas Gottlieb foi também marido, pai e filantropo. A despeito dos resultados espantosos de seus empreendimentos científicos, Sidney Gottlieb achava que tirar proveito de cobaias de boa-fé fosse seu dever como cidadão norte-americano.

Diagnóstico

Eixo I: Histórico de intoxicação por alucinógenos.

Eixo II: Transtorno de personalidade antissocial.

Eixo III: Pés tortos (provável paralisia cerebral).

Eixo IV: Sem diagnóstico

Eixo V: AGF ou Avaliação Global do Funcionamento = 80 – pequena deficiência: complexo de inferioridade; interações sociais totalmente inapropriadas.

MORRERAM EM NOME DA CIÊNCIA

Para um cientista maluco, não existe nenhuma diferença entre trabalho e lazer. As horas passadas no laboratório, privadas do contato humano, são horas que ele passa perseguindo seu sonho. Quando fazer ciência é sinônimo de viver a vida, é tão impossível parar de trabalhar quanto é parar de respirar. Infelizmente, o corpo humano é comumente frágil demais para suportar anos de pesquisa constante, especialmente no campo arriscado da ciência.

Nesta parte, vamos examinar os cientistas que sacrificaram suas vidas em busca de verdades científicas. Esses homens e mulheres fizeram do trabalho no laboratório uma maneira de lidar com suas perdas pessoais, usando-o como substituto para as relações humanas e, também, para obter a aprovação de seus semelhantes. Mas independentemente de terem sido levados a se tornar suas próprias cobaias ou simplesmente incapazes de se afastar de seus experimentos tóxicos, esses cientistas malucos provaram que é fácil demais deixar-se literalmente consumir pelos rigores da prática científica.

DR. SETH BRUNDLE

(Apareceu pela primeira vez em 1957, como personagem
do conto *The Fly* [*A Mosca*], de George Langelaan)

"Estou fazendo algo que vai mudar o mundo e a vida humana que conhecemos."
Dr. Seth Brundle

Nacionalidade: Norte-americana.
Principais ambições: Inventar (e aperfeiçoar) uma máquina de teletransporte.
Objetivos secundários: Aumentar a porcentagem de seu próprio material genético humano.
Cabelo: Espesso, pelos eriçados por todo o corpo.
Preferências: Açúcar; ficar agarrado ao teto.
Aversões: Armadilhas para moscas; reações horrorizadas dos espectadores.
Passatempo preferido: Brigas de bar com luta de quebra de braços.
Apelido: Homem-Mosca.
Condecorações: A dois centímetros de distância do Prêmio Nobel em Física.

Genialidade:

Insanidade:

Introdução

O ator Jeff Goldblum desempenhou o papel desse cientista idealista no filme *A Mosca*, de 1986. Vivendo sozinho num imenso galpão vazio, o jovem inventor trabalha incessantemente para aperfeiçoar uma máquina de teletransporte que irá revolucionar tanto o comércio como o transporte. Com uma vida social deploravelmente negligenciada, o Dr. Seth Brundle não está psicologicamente preparado para lidar com os altos e baixos emocionais que fazem parte do início da relação com uma bela jovem repórter. O stress afeta seu raciocínio científico e o doutor toma a decisão precipitada de ser sua própria cobaia. Quando o experimento com teletransporte que ele conduz dá errado, o Dr. Seth Brundle recombina sua constituição genética com a de uma mosca doméstica comum – com consequências horripilantes (e fatais).

Retrato de um cientista

O mais provável é que Seth Brundle tenha vivido uma infância solitária preenchida com estudos e explorações. É muito pouco provável que Seth tenha praticado algum esporte quando criança – ele dizia sentir tanta indisposição a se movimentar que chegava ao ponto de vomitar quando andava em seu triciclo. Mais tarde na vida, o Dr. Brundle sente-se surpreendentemente forte quando se vê dotado com o poder extraordinário de um misterioso inseto. (Um homem mais forte provavelmente não teria sentido a necessidade de imediatamente entrar em briga com caminhoneiros ao descobrir a força que acabou de adquirir.) Pela habilidade com que toca piano quando adulto pode-se deduzir que Seth tenha passado anos estudando música quando criança. Provavelmente

Seth passou a maior parte de sua infância sozinho em espaço fechado, exatamente como passou sua vida adulta. Estudos indicam que a pessoa que teve uma infância solitária pode ter problemas de adaptação mais tarde, inclusive problemas comportamentais e sofrer de ansiedade.

Apesar de não se saber qual foi exatamente sua formação acadêmica, Seth Brundle obteve seu grau de doutor, provavelmente em física ou alguma disciplina relacionada. Em suas pesquisas, ele demonstrou ter profundo conhecimento de assuntos como teletransporte, mecânica quântica, genética e programação de computadores. Em sua vida adulta, o Dr. Seth Brundle não teve nenhum vínculo com qualquer instituição acadêmica, preferindo trabalhar sozinho no laboratório instalado em sua casa num bairro industrial.[1] Ele raramente deixava seu laboratório e costumava comprar muitas peças iguais da mesma roupa para não ter que desperdiçar sua energia mental com coisas insignificantes como escolher roupas.[2]

Invenção científica: teletransporte

Antes de ele ter se transformado no "Homem-Mosca", o Dr. Seth Brundle trabalhou isolado por seis anos. Consta que durante esse período ele tenha conseguido inventar (mas não aperfeiçoar) uma máquina de teletransporte. Apesar de participar de convenções científicas, o Dr. Seth Brundle não falava com outros cientistas sobre o trabalho que estava desenvolvendo. Uma das citações que se atribuem a ele é a de que "trabalho melhor sozinho".

Talvez o Dr. Brundle estivesse certo, pois seu trabalho produziu resultados impressionantes. Seus aparelhos de teletransporte, chamados "telecápsulas", envolviam uma interface complexa entre raios *laser* e uma unidade de identificação molecular. Essa unidade era capaz de identificar precisamente a estrutura molecular tanto de meias femininas quanto de bifes e de babuínos. Os objetos inanimados eram teletransportados com eficiência, enquanto muitos

---

1. Como o Dr. Moreau e o Dr. Evil, o Dr. Seth Brundle também tinha um piano.
2. De acordo com o próprio Dr. Brundle, ele havia aprendido esses truques para economizar tempo com Albert Einstein.

dos animados chegavam ao destino virados pelo avesso. O sistema também incluía um dispositivo de segurança pelo reconhecimento da voz, algo realmente impressionante para a década de 1980.

A dedicação do Dr. Brundle a seu trabalho era inquestionável. O trabalho da máquina de teletransporte consistia em desmontar os objetos num lugar e remontá-los em outro − essencialmente criando nova vida. A estrada para o sucesso do teletransporte foi pavimentada com as mortes de pelo menos alguns babuínos. Inicialmente, o Dr. Seth Brundle encontrou dificuldade para teletransportar objetos animados e até mesmo carne crua. Durante esses estágios de desenvolvimento, os suculentos bifes que ele teletransportou acabaram amassados e misturados e os babuínos pareceram ter sido transportado às avessas. As pobres criaturas vivas que eram teletransportadas se contorciam por alguns minutos antes de expirar. Antes de poder ensinar sua máquina de teletransporte a insuflar o sopro de vida numa criatura, o Dr. Seth Brundle tinha ele próprio que aprender a viver. Foi apenas quando o Dr. Brundle descobriu o amor de uma mulher que ele teve subitamente a ideia brilhante sobre como programar seu computador para teletransportar cuidadosamente carne viva. Quando ele compreendeu isso, suas máquinas se mostraram capazes de teletransportar babuínos. Infelizmente, o próprio Dr. Brundle não teve o prazer de participar de semelhante teletransporte bem-sucedido.

Psicopatologia: antes da transformação

No decorrer de suas pesquisas, o Dr. Seth Brundle apresentou sérios problemas psicológicos.

Paranoia extrema e desconfiança dos outros. A paranoia do Dr. Seth Brundle permeava todos os aspectos de sua vida pessoal e científica. Em particular, o Dr. Brundle apresentava uma série de sintomas de *transtorno de personalidade paranoide*. Um dos traços mais marcantes desse transtorno é uma desconfiança e suspeita generalizada dos outros, sem fundamentos que as sustentem. Numa conferência científica, o Dr. Brundle não apresenta seu trabalho porque está convencido de que os outros cientistas iriam copiar com más intenções suas ideias. Em vez de compartilhar seu projeto com outros cientistas, o Dr. Brundle encomendava de terceiros o desenho dos componentes de sua máquina de teletransporte que ele próprio montava. Com essa medida, ele visava assegurar que nenhum dos terceiros pudesse construir partes suficientes da máquina para entender seu funcionamento. Ele também se mostrava relutante a conversar com as pessoas de sua confiança – outro sintoma do transtorno – por receio de que alguém pudesse estar espionando. Quando arranjou uma nova namorada, suspeitou que ela o estivesse traindo. Num ataque de ciúme, o Dr. Brundle tomou a decisão precipitada de teletransportar-se embriagado. Uma pequena mosca doméstica juntou-se a ele na "telecápsula" e o Dr. Seth Brundle deu seu primeiro passo para se transformar na criatura chamada "Homem-Mosca".

Distanciamento social e frieza emocional. Além da paranoia, o Dr. Brundle também exibia alguns sintomas de isolamento e distanciamento social, sintomas de *transtorno de personalidade esquizoide* – que não deve ser confundido com esquizofrenia. As pessoas portadoras desse transtorno de personalidade não gostam nem desejam manter relações próximas; elas quase sempre escolhem atividades solitárias. Com certeza, essa descrição cabe bem ao Dr. Brundle, que comprou sua própria máquina de café expresso para não ter que deixar seu laboratório doméstico e interagir com os frequentadores que ficavam tagarelando em bares. Os portadores desse transtorno em geral preferem manter-se emocionalmente distanciados e frios (expressando o mínimo de emoções) e dificilmente se comprazem com atividades sociais. O Dr. Brundle compraz-se com seu trabalho e demonstra entusiasmo e outras emoções nos momentos apropriados de descobertas científicas, assim como tristeza e remorso quando um experimento fracassado mata estupidamente um babuíno.

Cientista altamente eficiente, monstro-inseto pouco eficiente

Antes de sua transformação, o Dr. Brundle apresentava vários sintomas de psicopatologia severa, mas era totalmente capaz de desempenhar devidamente seu papel de cientista. Apesar de se isolar e de se sentir perseguido, Seth Brundle era capaz de manter por consenso uma relação amorosa adulta. Evidentemente, seus sintomas não prejudicam totalmente sua vida social. Lamentavelmente, esses mesmos sintomas de paranoia e isolamento persistiram depois que ele combinou seu DNA com o de uma mosca. Somado ao que estava por vir, o Dr. Brundle enfrentou obstáculos intransponíveis para desfrutar uma vida normal.

Psicopatologia: após a transformação

Imediatamente após ter cometido seu erro decisivo e fatal, Seth Brundle se sentiu como se tivesse "ganhado na loteria". É provável que a introdução do DNA da mosca em seu código genético tenha provocado os sintomas de euforia.[3]

Episódios de euforia. No primeiro período após sua transformação, Brundle apresentou sintomas anormais de exaltação eufórica e mania de grandeza. Ele disse que seu código genético havia sido purificado e que ele havia se tornado um ser humano fundamentalmente melhor. Disse também que o teletransporte o havia "purgado" e o transformado em "rei entre os homens". Em seu entusiasmo, Brundle tentou convencer sua namorada a se submeter ela mesma à experiência de teletransporte, dizendo para ela "embebedar-se e mergulhar no tanque de plasma". Tais declarações indicam claramente um nível anormal de autoestima e de ânimo elevado. Durante um café da manhã com sua namorada, Brundle também falou sem parar e muito rapidamente, outro sintoma do surto de euforia.

Embora seja normal as pessoas (com o DNA normal do *homo sapiens*) apresentarem sintomas de excesso de energia durante os episódios de euforia, o DNA humano de Brundle combinado com o da mosca exacerbou esses sintomas. O Homem-Mosca se mostra extraordinariamente ativo em todos os sentidos: faz amor com sua namorada por quatro horas seguidas, ganha força e

---

3. Lex Luthor e o Dr. Henry Jekyll também tiveram episódios de euforia.

flexibilidade super-humanas e seus reflexos conseguem capturar uma mosca com a velocidade da luz. Em seguida, o Homem-Mosca começa a se envolver em aventuras sexuais, a se embebedar e fartar-se de doces e guloseimas.[4] Esse envolvimento exacerbado com atividades prazerosas é outro sintoma da síndrome maníaca.

Consequências sociais da euforia somada à anormalidade genética. Alguns dos sintomas da euforia podem parecer divertidos, mas tais episódios também podem trazer consequências desastrosas. Em meio a um episódio de euforia, os indivíduos se sentem compelidos a envolver-se em atividades prazerosas – comumente sem nenhuma consideração pelas consequências negativas de seus atos. No caso de Brundle, seu estado de euforia transforma-se em extrema irritação quando sua namorada se recusa a ser teletransportada e, como uma criança irada, ele a põe para fora de seu laboratório. Imediatamente após ter se livrado de sua namorada "baixo astral", ele impulsivamente recruta outra mulher para submeter ao teletransporte. Num bar das redondezas, o normalmente tímido Brundle aposta cem dólares com um grupo de homens como é capaz de derrubá-los com a força de seus braços. Livre de qualquer limite humano, Brundle quebra um braço de um dos homens, rasgando a carne numa fratura exposta. Sem demonstrar qualquer remorso, Seth Brundle deixa o bar com a namorada do homem. Já em casa, ele a agride para tentar forçá-la a se deixar teletransportar. Todos esses atos praticados por ele no período seguinte ao de sua transformação são típicos episódios maníacos do híbrido homem-mosca.

Transformação final e desestabilização

A euforia inicial de Brundle após a experiência de teletransporte acaba rapidamente quando ele se dá conta do que está acontecendo com ele. Aparecem feridas estranhas em seu rosto e começam a cair suas unhas e dentes. Depois

---

4. O Dr. Henry Jekyll também teve episódios semelhantes de exagero, devassidão e bebedeira após a "purificação" que o transformou no Sr. Edward Hyde.

de inquirir seu computador e descobrir que convive agora com o DNA de uma mosca doméstica, ele passa a se chamar "Homem-Mosca". Ele volta a se isolar, insistindo em não querer ser visto por ninguém. À medida que vai perdendo suas partes humanas, inclusive suas orelhas, sua habilidade de mosca voadora aumenta. Como Homem-Mosca, ele é agora capaz de subir pelas paredes, permanecer no teto e subsistir apenas de açúcar e doces. Ele vomita constantemente, apenas para descobrir que é assim que uma mosca se alimenta – lançando sucos gástricos corrosivos sobre suas refeições (ou vítimas humanas) até ficarem suficientemente moles para serem ingeridas.

O fascínio inicial por sua nova fisiologia logo dá lugar a um horror resignado, quando o estado físico do Homem-Mosca o leva ao desespero. Ele está todo encaroçado, peludo, agitado e manchado de sangue. Decide então usar sua máquina de teletransporte para fundir-se com um exemplar humano mais puro, reduzindo efetivamente seu DNA de mosca. A ex-namorada do Dr. Brundle não se mostra muito interessada em combinar seu código genético com o do Homem-Mosca. Desprovido de qualquer limite humano, o Homem-Mosca, numa atitude sádica, vomita sobre os braços e as pernas do chefe dela, decepando-os com o líquido corrosivo, e recorrendo então ao uso da força bruta para obrigar o sujeito a se deixar teletransportar. Quando a transformação final do Homem-Mosca ocorre, ele é teletransportado e se funde com sua própria máquina, uma experiência extremamente dolorosa. Com um gesto de misericórdia, sua ex-namorada acaba com sua aflição, disparando uma rajada de tiros em seu tórax.

Conclusão

A infância passada em isolamento social fez do Dr. Seth Brundle um brilhante inventor. Entretanto, a falta de habilidades sociais influenciou negativamente suas pesquisas e foi responsável pelo erro fatal que acabou resultando em sua desastrosa transformação e, finalmente, em sua morte. Por todo o curso de sua transformação genética, o Dr. Brundle apresenta desvios de personalidade muito comuns aos seres humanos e, portanto, facilmente identificáveis. Se o Dr.

Seth Brundle tivesse conservado suas características humanas, ele poderia ter sido capaz de lidar com seus problemas. Mas, infelizmente, esses traços de personalidade somados a perigosos conhecimentos científicos bastaram para levar o Dr. Seth Brundle a sacrificar sua juventude pela causa nobre da física.

Diagnóstico

Eixo I: Episódio de euforia, severo.

Eixo II: Transtorno de personalidade paranoide; transtorno de personalidade esquizoide.

Eixo III: Problema médico sem precedentes: combinação do DNA humano com o de uma mosca doméstica.

Eixo IV: Condições de vida imundas.

Eixo V: AGF ou Avaliação Global do Funcionamento = 5 – funcionamento mínimo: perigo constante de ferir a si mesmo e os outros; tentativas sérias de suicídio com claras expectativas de sucesso.

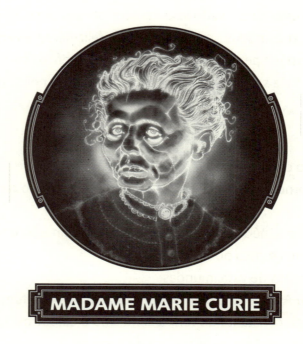

MADAME MARIE CURIE

(1867-1934)

*"[Acredito que] as novas descobertas trarão mais benefícios
do que prejuízos para a humanidade."*
Marie Curie

Nacionalidade: Polonesa.

Principal ambição: Alcançar o pleno conhecimento dos elementos radioativos.

Cabelo: Crespo.

Número de Prêmios Nobel: Dois (de Física, em 1903, e de Química, em 1911).

Invenção: O aparelho portátil de raio X, usado nos campos de batalha da Primeira Guerra Mundial.

A primeira pessoa a: cunhar o termo "radioativo"; ser condecorada com dois Prêmios Nobel.

A primeira mulher a: ser professora da Sorbonne.

Apelido: Marya, o nome pelo qual era chamada.

Genialidade:

Insanidade:

Introdução

Com sua obstinada dedicação à ciência e sua determinação a alcançar o sucesso, madame Marie Curie trabalhou sozinha desde que era estudante e depois com seu marido para chegar à descoberta do elemento químico rádio. Marie Curie teve toda a sua vida marcada pelos altos e baixos de suas incríveis conquistas profissionais e pela perda devastadora e irreparável que sofreu em sua vida pessoal. Após a morte trágica de seu marido, ela redobrou seus esforços científicos para isolar o elemento rádio e chegar à sua forma mais pura. Finalmente, ela sucumbiu à doença provocada pelas irradiações de substâncias radioativas, a chamada "enfermidade curiosa" que acometeu os cientistas pioneiros da radioatividade.

Retrato de uma cientista

Tendo como pai um professor de matemática e ciências de nível secundário e, como mãe, uma diretora de escola, Marie Curie viveu desde criança num ambiente propício às ciências. Mesmo assim, como uma menina nascida em 1867, em Varsóvia, na Polônia, Marie teve de enfrentar grandes desafios em seus estudos. Por sorte, ela e seus quatro irmãos tiveram o privilégio de ter pais instruídos que lhes deram em casa uma educação suplementar à que era ensinada nas escolas públicas de Varsóvia e ela aprendeu a ler antes de frequentar o jardim da infância.

Mas, infelizmente, a mãe de Marie morreu de tuberculose quando ela tinha apenas 10 anos de idade e depois, quando já era adolescente, também sua irmã mais velha morreu. Essas perdas trágicas em idade tão precoce não impediram

Marie de prosseguir seus estudos. Com o incentivo do pai, ela concluiu a escola secundária como a melhor da classe aos 15 anos. Como seu pai, Marie sentia-se atraída para a matemática e as ciências e tinha uma sede de conhecimentos que a escola secundária não podia saciar. Lamentavelmente, o contexto social da época não era favorável à instrução de nível superior para as mulheres.

Uma mulher lutando pelo direito de estudar

O final do século XIX não era a época ideal para uma mulher que queria ser cientista. Na verdade, não era uma época favorável para qualquer mulher que quisesse estudar alguma coisa. Marie recebeu uma "medalha de ouro" quando concluiu o curso secundário, mas isso não significava muito para o mundo acadêmico dominado por homens. Naquela época, a Universidade de Sorbonne em Paris era a única de toda a Europa que aceitava mulheres como estudantes. Além desse obstáculo, Marie teve de enfrentar muitas dificuldades financeiras – mudar-se para Paris e custear as despesas com os estudos e a própria subsistência era extremamente caro para os padrões poloneses. Isso levou Marie e sua irmã mais velha, Bronya, a fazerem algo incomum para que ambas pudessem estudar na Sorbonne.

Após a conclusão da escola secundária, Marie permaneceu na Polônia, trabalhando como professora e dando aulas particulares enquanto Bronya foi para Paris estudar medicina na Sorbonne. Vivendo em casa, Marie podia enviar todo o dinheiro que ganhava para ajudar a irmã a custear seus estudos e subsistência em Paris. Consta que Marie, durante esse período em que trabalhou arduamente para sustentar a irmã, tenha sofrido alguns sintomas de depressão e que seu pai a tenha aconselhado a ir de vez em quando relaxar no campo com seus primos. À noite, Marie estudava por conta própria e conseguiu frequentar cursos clandestinos na Universidade da Polônia, organizados por professores universitários poloneses que se opunham ao controle do sistema educacional polonês exercido pelos russos.

Finalmente, após seis anos de trabalho para financiar a educação da irmã, com 24 anos de idade, Marie mudou-se para Paris e começou seus próprios estudos universitários. A essa altura, Bronya estava em condições de sustentar Marie. Em apenas três anos, Marya, que ficou conhecida como Marie em Paris, obteve seu diploma em física como a primeira da turma. Essa conquista tornou-a apta a receber uma bolsa para continuar seus estudos e, um ano depois, ela obteve seu grau de mestrado em matemática. Depois de um breve período trabalhando numa indústria francesa, Marie iniciou seu doutorado em física, focalizando seus estudos nos raios misteriosos emitidos pelo urânio. Ela só obteria seu título de doutora em 1902, apesar de muitos terem argumentado que ela merecia tê-lo recebido muito antes. Marie foi a primeira mulher em toda a Europa a receber diploma de doutora; os membros da banca examinadora de sua defesa de tese declararam que seu trabalho era a maior contribuição científica jamais feita por uma tese de doutorado.

Radioatividade e romance

A ciência permeou também a vida pessoal de Marie. Ela se casou com Pierre, que era professor de física, em 1895. Por intermédio de Pierre, Marie teve acesso ao laboratório e outros recursos do mundo acadêmico. Os dois eram inseparáveis e passavam a maior parte do tempo trabalhando em seu pequeno laboratório gelado.[1] Consta que amigos tenham tentado convencê-los a passar mais tempo em casa, mas Marie e seu marido viviam para o trabalho. Até à mesa do jantar, eles ficavam falando de trabalho – e, só de repente, se davam conta que estavam ali para comer. Marie manteve diários descrevendo cada passo do desenvolvimento físico e comportamental de suas duas filhas como se fossem relatórios laboratoriais. Marie dedicava-se à educação das filhas e achava importante que elas tivessem oportunidades de desenvolvimento também fora da escola. Em um mês após o parto de cada uma de suas filhas, Marie retomava o trabalho no laboratório.

Foi o interesse científico de Marie que acabou conduzindo o rumo do trabalho de Pierre; ele abandonou suas próprias pesquisas sobre magnetismo pa-

---

1. Um professor alemão visitante descreveu o laboratório como "uma passagem de um estábulo para um depósito de batatas".

ra ajudá-la a investigar os misteriosos raios X que outros cientistas haviam observado.[2] Ao cunhar o termo *radioativo*, Marie Curie ajudou a criar uma área de estudos completamente nova nos campos da química e da física. Em 1906, apenas nove anos depois de casados, Marie perdeu o marido e parceiro de pesquisas num terrível acidente. Pierre já estava sofrendo provavelmente de câncer ósseo devido à excessiva exposição a radiações, o que pode ter contribuído para sua fragilidade ou falta de equilíbrio. Quando estava voltando a pé do laboratório para casa, ele se apressou a atravessar uma rua e foi atropelado por um veículo puxado a cavalo pesando seis toneladas. Uma roda do veículo esmagou o seu crânio, provocando morte instantânea.

Psicopatologia: depressão

Apesar de provavelmente ter sofrido pelo menos um episódio de profunda depressão, Marie também demonstrou resiliência diante de circunstâncias difíceis.

Uma grande perda precede a depressão. Passar por uma grande perda na vida é um dos fatores mais comuns que precedem os episódios de depressão profunda. Marie Curie sofreu a perda da irmã mais velha, da mãe e do marido. Após a morte de seu marido, Marie teve muita dificuldade para retornar ao trabalho no laboratório, onde as anotações e experimentos de Pierre estavam por toda parte, fazendo-a lembrar de sua perda. Mas finalmente ela conseguiu retornar ao trabalho.

Incapacidade para sentir prazer (anedonia). Em cartas para amigos e familiares, Marie escreveu certa vez que nem mesmo as filhas conseguiam "despertar vida" nela, sugerindo que estava sofrendo de anedonia, um dos principais sintomas da depressão. *Anedonia* é a perda de interesse ou incapacidade para extrair prazer de atividades ou coisas que antes eram interessantes ou prazerosas. Para preencher os critérios de um importante episódio de de-

---

2. O "X" pelo que acabou dando nome a esses raios referia-se originalmente a "desconhecido".

pressão, a pessoa tem que apresentar sintomas de anedonia ou estado depressivo pela maior parte do dia, quase todos os dias, por um período mínimo de duas semanas. Embora Marie tenha claramente apresentado esses sintomas em vários momentos de sua vida, o diagnóstico não cabe quando a perda de uma pessoa querida é a possível explicação para o seu surgimento, o que infelizmente foi com frequência o caso de Marie.

Resiliência. O conceito psicológico de *resiliência* refere-se à capacidade do indivíduo para se adaptar positivamente quando exposto a obstáculos e riscos. Psicólogos do desenvolvimento humano investigaram as situações de stress no início da vida das pessoas como fatores de risco para o surgimento de problemas psicológicos. Suas pesquisas revelaram um subgrupo singular de crianças que passaram por graves situações de stress no início da vida, mas que saíram "ilesas". Se já existiu alguém que corresponde ao perfil de indivíduo resiliente, esse alguém foi Marie Curie. Ela suportou situações extremamente difíceis em muitas áreas, inclusive mudanças culturais, expectativas sociais e perdas pessoais e, ainda assim, continuou dando o melhor de si, tanto em sua vida quanto em seu trabalho.

Fama, casos amorosos e assédio dos paparazzi

Marie Curie passou de uma vida em paz e relativo anonimato para o foco das atenções da mídia, do mundo acadêmico e do público em geral depois de ter se tornado a primeira mulher a receber o Prêmio Nobel em 1903. Os *paparazzi* da virada do século chegaram ao ponto de acampar em volta de sua casa, esperando capturar uma imagem da mulher que havia descoberto um novo elemento químico. Sobre a constante atenção da mídia, Marie escreveu: "Somos alvos de enxurradas de cartas e assediados por fotógrafos e jornalistas. Dá vontade de se esconder em algum buraco para ter um pouco de paz". A cobertura que a mídia francesa fez de Marie foi favorável até os anos que se seguiram à morte do marido.

Um pouco antes de sua morte, Pierre Curie havia recebido o convite para assumir um cargo de professor na Sorbonne. Como parte das negociações para aceitar o cargo, Pierre exigiu espaço para Marie trabalhar no laboratório. Apesar de o Prêmio Nobel ter sido concedido ao trabalho dos dois, Marie estava relegada a ensinar ciência numa pequena faculdade para formação de professores; as mulheres simplesmente não eram consideradas mentalmente capacitadas para os rigores da Academia. Após a morte prematura de Pierre, a Sorbonne fez algo sem precedentes: ofereceu a Marie o cargo que seria de Pierre. Nunca antes uma mulher havia ocupado um cargo de professor naquela universidade. Tanto a mídia como o público concordaram que, por suas descobertas e pelas circunstâncias especiais em torno da morte de Pierre, o cargo lhe era devido.

Depois de exercer esse cargo por anos, Marie indicou a si mesma como candidata à cadeira de física na Academia Francesa de Ciências, uma importante instituição científica nacional totalmente ocupada por homens. Um francês, Edouard Branly, era outro dos indicados. A atenção da mídia voltada para Marie de repente tornou-se menos favorável. Caricaturas eram publicadas com dizeres como: "Será que uma mulher vai conseguir entrar na instituição?" Outras pessoas se sentiram incomodadas pelo fato de Marie ser uma imigrante e não uma legítima francesa e, portanto, acharam que ela não merecia fazer parte da Academia. Branly foi escolhido para ocupar a vaga na Academia por dois votos de diferença. Como nas outras situações de perda em sua vida, Marie se mostrou resiliente e voltou a mergulhar em seu trabalho.

A imprensa se colocou contra quando a viúva Marie Curie teve um caso amoroso com seu colega cientista, Paul Langevin (homem com bastos bigodes e ex-aluno de Pierre). Na França daquela época, considerava-se aceitável que uma mulher viúva havia cinco anos tivesse um amante, mas pelo fato de Langevin já ser casado, o caso virou um escândalo. Enquanto Langevin e Marie estavam na Bélgica para participar de uma conferência,[3] a imprensa conseguiu apreender a correspondência pessoal dos dois. Ninguém teria sido capaz de prever o fim desastroso daquele caso. Langevin era casado (embora o casamento não fosse dos melhores), mas sua mulher pediu a separação após as car-

---

3. O jovem Albert Einstein também estava presente nessa conferência.

tas terem sido publicadas. Uma forte onda de sentimentos antissemitas ganhava força na França e a imprensa acusou Marie Curie de ser uma judia estrangeira que havia "manchado o nome honrado" de seu marido francês morto e destruído o lar de uma senhora francesa decente. Ao retornar à França da conferência na Bélgica, Marie encontrou uma multidão de cidadãos e repórteres diante de sua casa que, com suas manifestações iradas, continuou atemorizando suas filhas pequenas. A família Curie se escondeu então na casa de um amigo até o escândalo passar. Em meio a esse escândalo pavoroso, Marie Curie foi distinguida com um segundo Prêmio Nobel, dessa vez em química, e unicamente por seu trabalho de identificação dos elementos radioativos e da radioatividade como característica essencial dos elementos. Depois de ter levado as filhas para a cerimônia de premiação, na qual agradeceu publicamente ao pai delas pela contribuição que havia dado a seu trabalho, Marie se retirou para se esconder da imprensa.

Retiro, recuperação e contaminação
por substâncias radioativas

Depois de receber seu segundo Prêmio Nobel em 1911, Marie Curie permaneceu isolada a maior parte do ano de 1912. Ela procurou uma clínica médica para ser examinada, apresentando-se com o nome de solteira para evitar a publicidade. Marie estava física e mentalmente debilitada. Fisicamente, ela precisava se submeter a uma cirurgia nos rins, uma vez que sua função renal fora enfraquecida pela exposição a substâncias radioativas. Mentalmente, Marie estava passando por aquele que provavelmente foi seu episódio mais severo de depressão. Além dos dois sintomas mais importantes de um episódio severo de depressão (anedonia e estado depressivo), existem sete outros sintomas da depressão, inclusive perda de peso ou de apetite, insônia e excesso de sono, movimentos psicomotores acelerados ou lentos, fadiga ou perda de energia, capacidade reduzida de pensar ou se concentrar, pensamentos recorrentes em morte ou suicídio e sentimentos exacerbados de culpa ou inutilidade. Marie se sentia excessivamente culpada por seu caso com Langevin, a ponto de não permitir que sua filha Irene lhe enviasse cartas endereçadas a Madame Curie, por não se sentir merecedora desse nome.

Finalmente, ela retornou à França e ao seu laboratório. Em seus anos restantes de vida, Marie trabalhou com a filha Irene para continuar isolando e sintetizando os elementos radioativos e para fundar o Radium Institute. Com a depressão totalmente controlada, Marie voltou a se sentir merecedora de usar o nome de seu marido e, em 1914, fez uma petição para que o nome da rua em que fora construída a nova sede do Radium Institute fosse renomeada "Rue Pierre Curie" em homenagem a ele.

A Primeira Guerra Mundial causou um grande impacto sobre a vida de todos os europeus e para Marie não foi diferente. Marie e as filhas estiveram na linha de frente da guerra e ficaram chocadas ao constatarem as condições precárias das instalações médicas. Marie inventou um pequeno aparelho de raio X que podia ser transportado em caminhão para os campos de batalha e criou 200 instalações para raio X na França e na Bélgica. Esses aparelhos eram usados para detectar lesões e presença de granadas em soldados feridos. Ela e Irene viajaram em um dos veículos que transportavam o aparelho de raio X, treinaram enfermeiras e radiologistas e convenceram os ricos a doarem veículos para a causa. Mais de um milhão de soldados puderam ser tratados com as inovações de Marie Curie.

Liberação de partículas radioativas. O trabalho por anos seguidos com elementos radioativos acarreta um terrível efeito negativo e não há dúvida de que Madame Curie foi exposta a altos níveis de radiação. Sabia-se que seu marido já sofria de câncer ósseo antes de morrer. Num trabalho escrito em 1901, Pierre Curie havia descrito os efeitos da exposição ao rádio: "A pele ficou avermelhada... parecendo uma queimadura, mas raramente dolorida. Após muitos dias, a área avermelhada não aumentou, mas ficou mais vermelha; no vigésimo dia, surgiram crostas que, ao caírem, deixaram uma ferida profunda... Nossas mãos passaram por diversas alterações no decorrer das pesquisas. A pele das mãos ficou descascada; as pontas dos dedos... ficaram duras e, às vezes, extremamente doloridas; um de nós teve as pontas dos dedos inflamadas por duas semanas, melhorando quando a pele descascou, mas continuaram doloridas ao final de dois meses".[4] Esses sintomas superficiais eram insignificantes em comparação com o dano que estava sendo causado abaixo da pele pelo acúmulo de radioatividade liberada.

Além de fadiga, perda de peso, anemia e fortes dores de cabeça, a doença causada pelas irradiações de substâncias radioativas pode levar a distúrbios cognitivos, embotamento mental e perda da memória. Como se pode notar, vários sintomas dessa doença são idênticos aos sintomas da depressão. Na verdade, é bem provável que a luta que Marie Curie travou por toda a sua vida com a depressão tenha sido intensificada pelo acúmulo de elementos radioativos em seu organismo. Em 1934, Marie Curie morreu de anemia aplástica maligna, hoje conhecida como leucemia. Sua doença foi causada pela exposição aos elementos que com seu trabalho ela procurava entender.

Conclusão

Marie Curie sofreu sintomas de depressão e enfrentou situações extremamente penosas em sua vida, incluindo a morte de pessoas queridas e o assédio dos *paparazzi*. Entretanto, seu desejo de saber mais sobre sua área da ciência sempre a levou de volta a seu laboratório e ajudou-a a enfrentar as dificuldades. Ela lutou por seu direito a ter uma educação superior e a fazer pesquisas em radioatividade, que resultaram em dois Prêmios Nobel e em sua morte. Isso é que é dedicação!

Diagnóstico

Eixo I: Episódio importante de depressão, de gravidade moderada; perda; problemas ocupacionais.

Eixo II: Sem diagnóstico.

Eixo III: Contaminação por substâncias radioativas; leucemia.

---

4. Becquerel, H. e Curie, P. (1901). "Action Physiologiques des rayons du radium", trabalho apresentado na Academia Francesa de Ciências.

Eixo IV: Viveu sob intensa atenção da mídia.

Eixo V: AGF ou Avaliação Global do Funcionamento = 70 – sintomas brandos: depressão passageira; capacidade reduzida para o convívio social.

DR. HENRY JEKYLL

(E MR. EDWARD HYDE)

(Apareceu pela primeira vez em 1931, como personagem do livro de
Robert Louis Stevenson, *Dr. Jekyll e Mr. Hyde*)
"Oh, meu Deus. Eu fui além do que é permitido ao homem ir. Perdoa-me. Ajuda-me!"
Dr. Jekyll

Nacionalidade: Inglesa.
Objetivos principais: Alcançar absolutamente tudo.
Cabelo: Às vezes, bem escovado, outras, emaranhado.
Preferências: Espantar crianças.
Aversão: Advogados bisbilhoteiros.
Origem: Os pesadelos de seu autor Robert Louis Stevenson.

Genialidade:

Insanidade:

Introdução

O médico bondoso foi popularizado num conto intitulado *O Estranho Caso do Dr. Jekyll e Mr. Hyde* escrito por Robert Louis Stevenson em 1886, mas há quem tenha mais familiaridade com sua figura como satirizada nos antigos episódios da Looney Toons.[1] Sua história é muito simples: após submeter-se a uma série de famigerados experimentos, o Dr. Henry Jekyll se vê despojado de seu título de doutor e apresentado pessoalmente ao aterrorizante Mr. Edward Hyde.

Retrato de um cientista

Não há nenhuma evidência explícita sobre a infância do Dr. Jekyll, mas podemos inferir que ele tenha sido criado numa família de classe relativamente abastada. Ele não apenas teve condições de estudar medicina, mas usufruiu da companhia de membros da alta sociedade, inclusive advogados e cientistas. Além disso, Stevenson descreve a casa do Dr. Jekyll como tendo "uma aparência imponente de riqueza e conforto". Apesar de sua abastada condição social (ou por causa dela), é o conflito entre seus próprios demônios interiores e as expectativas da sociedade que prepara o terreno para a terrível provação do Dr. Jekyll.

Esse conflito interior é um prato cheio para os *psicanalistas* – psicólogos que seguem as teorias psicanalíticas formuladas por Sigmund Freud. Muitas hipóteses psicanalíticas podem ser levantadas com respeito a que acontecimentos e circunstâncias da infância do Dr. Jekyll poderiam tê-lo levado a apresentar os comportamentos bizarros de sua vida adulta. Por exemplo, de acordo com o modelo tripartido que Freud originalmente estabeleceu da psique humana, o *id* produz impulsos animais e o *superego* está sempre tentando suprimir tais impulsos com a consciência, enquanto o *ego* é o negociador que tem de satisfazer o *id* de formas que sejam aceitáveis para aplacar o superego. Em resumo, o *id* humano é motivado pelo puro desejo, sem considerar as consequências (o que Freud

---

1. Num dos episódios animados da Looney Toons, da década de 1950, Tweety Bird (o Passarinho Piu-Piu) tem acesso a uma fórmula especial que é similar à do Dr. Jekyll. Ao ingeri-la, o passarinho se transforma num pássaro gigantesco com força extraordinária, capaz de devorar o gato Sylvester.

chamou de princípio do prazer), mas o ego é governado pelo princípio da realidade e encarregado de nos ajudar a obter prazer no contexto da realidade.

Um psicanalista poderia levantar a hipótese de que foram os acontecimentos ocorridos na infância do Dr. Jekyll que o levaram a ter uma personalidade exageradamente controlada. Durante o curso de uma educação severa e competitiva, o superego austero de Henry Jekyll ficou tão forte que ele passou a se sentir extremamente culpado por seus impulsos naturais a buscar prazer e foi compelido a criar um alter ego por meio do qual ele pudesse extravasar seus instintos naturais básicos. Sob forte pressão social, o superego e o *id* foram separados à força e se manifestaram como dois indivíduos diferentes habitando o mesmo corpo – um deles virtuoso e o outro, um terrível sanguinário.

Apesar de essa divisão ter ocorrido quando o Dr. Jekyll já era adulto, de acordo com o modelo de Freud, o problema esteve latente por muito tempo antes. De acordo com Freud, os traços de caráter e de personalidades têm origem nos conflitos inconscientes que se desenvolvem durante a infância. Quando os impulsos sexuais e agressivos inconscientes são demasiadamente reprimidos ou extravasados durante os estágios de desenvolvimento psicossexual, traços neuróticos podem surgir na idade adulta. Há uma série de estágios de desenvolvimento durante os quais as coisas podem ter começado a virar tragédia na vida do Dr. Jekyll. Um superego exageradamente forte pode se desenvolver quando os pais são demasiadamente punitivos durante a fase anal de desenvolvimento. É possível que o pequeno Henry tenha sido submetido a um treinamento severo para usar o toalete e que esse o tenha levado a ser um adulto preso à "fase anal" e, portanto, excessivamente controlado. Uma disciplina extremamente severa imposta pelos pais durante a fase latente pode também contribuir para o sentimento de vergonha de si mesmo, pois é nessa fase, segundo Freud, que o superego se desenvolve a partir da interiorização das mensagens transmitidas pelos pais sobre o que é certo e o que é errado. Se o adulto Dr. Henry Jekyll tivesse se dado ao trabalho de procurar um psicanalista, talvez ele tivesse podido explorar alguns problemas de sua infância e, dessa maneira, evitado o desenvolvimento trágico de seu alter ego assassino – Edward Hyde.

Realizações científicas

Nos dias de hoje, o termo mais apropriado para definir o Dr. Jekyll seria provavelmente engenheiro biomédico, ou talvez biólogo molecular. Por meio de seus estudos de medicina, o Dr. Jekyll conheceu o funcionamento interno do corpo humano em perfeitas condições, como também as patologias macroscópicas dos processos das enfermidades físicas. É importante observar que o Dr. Jekyll dedicava um tempo considerável ao trabalho médico caritativo, dispensando assistência médica aos pobres. Naquela época, os pobres da Inglaterra estavam propensos a contrair uma série de doenças abjetas, porém comuns, como gota, cólera, influenza, febres, tuberculose e varíola. O método de tratar essas doenças era rudimentar e, na maioria das vezes, incluía isolamento e técnicas "avançadas" como de sangria e purgação ou recomendações para que os pacientes bebessem leite e sangue de vacas que se alimentavam exclusivamente em pastagens ao redor de igrejas. Considerando-se que naquela época a medicina encontrava-se ainda em sua infância, dizer que o Dr. Jekyll foi capaz de criar a poção mágica que se tornou sua ruína é reconhecer a legitimidade de suas capacidades intelectuais.

O propósito inicial que levou o Dr. Henry Jekyll a desenvolver a poção foi separar na natureza humana o bem do mal, para permitir que o bem se purificasse e vencesse a batalha interior com o mal que faz parte da vida de todos os seres humanos. A poção funcionou perfeitamente, confinando todos os aspectos malignos da personalidade do Dr. Jekyll na personagem separada do perverso e lascivo Mr. Edward Hyde. Essa transformação também ocorreu no plano físico; Hyde era menor, corcunda, enrugado, peludo e tinha mãos em forma de garras. Depois de tomar algumas vezes a fórmula, o Dr. Jekyll começou a ter prazer nas coisas repulsivas que se permitia fazer quando sob o domínio de sua natureza perversa, presumivelmente quando elas não maculavam sua própria "alma imortal". Mas, infelizmente, surgiram problemas. Apesar de o Dr. Jekyll ter premeditadamente desenvolvido um antídoto para voltar à sua condição normal, com o tempo ele descobriu que era necessário ingerir a dosagem com uma frequência maior para poder se transformar no Hyde. E inevitavelmente, os estoques de ingredientes do Dr. Jekyll se esgotaram.

Apesar dos resultados relativamente medíocres de seus experimentos, as façanhas bioquímicas do Dr. Jekyll são notáveis. Até hoje, nenhum outro cientista foi capaz de desenvolver uma fórmula que resultasse em transformação tanto física como moral e que fosse reversível.[2] Lamentavelmente para nós, tudo que o Dr. Henry Jekyll deixou para a posteridade foi sua confissão de culpa. A composição química de sua fórmula foi definitivamente perdida.[3]

A criminalidade de Mr. Edward Hyde

A fama atribuída a Mr. Hyde de ser mau, perverso, abjeto e terrível é justificada por seus atos criminosos. Numa de suas melhores atitudes, Mr. Hyde pisa intencionalmente numa garota na rua, apavorando-a com sua cara deformada e suas mãos peludas. Numa das piores, ele mata brutalmente um membro do parlamento, golpeando-o com um bastão. Edward Hyde também se diverte impiedosamente matando de susto um médico ao se transformar diante de seus olhos em seu querido amigo Henry. É possível argumentar, no entanto, que Hyde finalmente se redime. Depois de dar vazão à sua natureza perversa à custa dos amigos, colegas e de seu alter ego, Edward Hyde decide se matar, levando consigo o antes bondoso Dr. Jekyll. Além de provocar direta e indiretamente mortes, a confissão final do Dr. Jekyll também menciona outros atos criminosos e comportamentos sociopatas em que se envolveu em seus experimentos como Mr. Hyde. Esses "prazeres proibidos" são apenas vagamente mencionados, mas provavelmente se referem a relações sexuais com prostitutas, pequenos furtos e vadiagens ameaçadoras por vielas mal-afamadas.

---

2. É importante observar que o Dr. Sidney Gottlieb, químico da CIA, tentou sem êxito sintetizar alucinógenos que pudessem isolar o superego incomunicável de espiões capturados num segmento da personalidade mais suscetível de ser controlado pelo ego.
3. O Dr. Calvin Zabo, o supervilão das histórias em quadrinhos de Marvel, está convencido de que é possível recriar a fórmula secreta do Dr. Jekyll. Ele faz experimentos com hormônios e consegue se transformar num monstruoso e perigoso "Mister Hyde".

Psicopatologia: quem é o louco aqui?

Na linguagem popular, o termo *esquizofrenia* é muitas vezes usado incorretamente para diagnosticar o distúrbio de personalidade múltipla. A raiz do termo, *schizo*, significa literalmente separação, ou cisão, mas no sentido técnico, esquizofrenia significa separação da realidade, não uma personalidade dividida. Os portadores de esquizofrenia são indivíduos separados da realidade no sentido de que apresentam sintomas claros de estarem dissociados da realidade, como alucinações, delírios, fala desconexa ou atitudes incoerentes. A esquizofrenia é também caracterizada por sintomas negativos como distanciamento das emoções, incapacidade para se expressar verbalmente e para agir. Os indivíduos esquizofrênicos que não são tratados podem ser observados falando ou gritando sozinhos e com dificuldades para realizarem as tarefas corriqueiras. Como tanto o Dr. Jekyll como Mr. Hyde são cientes e conectados com a realidade (o doutor é capaz de organizar jantares e Mr. Hyde de contratar prostitutas), nenhum deles preenche os requisitos para ser diagnosticado como esquizofrênico.

Apesar de não sofrer de esquizofrenia, não há nenhuma dúvida quanto ao fato de o Dr. Jekyll apresentar sintomas do distúrbio de personalidade múltipla, termo controverso que na linguagem diagnóstica moderna é conhecido como *identidade dissociada*. Considera-se que a *etiologia* ou causa dessa desordem seja alguma experiência traumática significativa. Os indivíduos que sofrem desse distúrbio apresentam dois ou mais diferentes estados de personalidade, cada um com suas próprias percepções do mundo. Além do mais, duas ou mais dessas identidades têm que assumir de forma recorrente o controle do indivíduo. O Dr. Jekyll manifesta claramente esses sintomas. No entanto, ele não preenche totalmente os requisitos para receber esse diagnóstico, uma vez que não tem nenhuma dificuldade para se lembrar do que fez enquanto sob o controle de Mr. Hyde (os portadores desse distúrbio não conseguem se lembrar de dados importantes nem das experiências vividas por seus alter egos). Além disso, para que um indivíduo possa ser diagnosticado como portador de *identidade dissociada*, os sintomas da dissociação *não* devem ser causados pelo uso de qualquer substância química. Pelo menos no começo, o

Dr. Jekyll precisa ingerir uma fórmula química secreta para se transformar em Mr. Hyde.

Uso de substância química e dependência

O Dr. Jekyll era transformado em Mr. Hyde pela ingestão de uma fórmula química especial que não apenas o deixava curvado, feio e sórdido, mas também o fazia perder todas as inibições e comportar-se como um sociopata. Que substância era essa? Seria maconha? Heroína sintética? Barbitúrico? Jamais saberemos exatamente e a ciência moderna não desenvolveu nada semelhante – seria preciso uma notável façanha de engenharia genética para gerar o tipo de repetidas transformações físicas vivenciadas pelo Dr. Jekyll. Entretanto, como muitas das substâncias comumente ingeridas fazem com que o indivíduo perca totalmente as inibições, é possível argumentar que as *expectativas* que o Dr. Jekyll alimentava quanto aos efeitos do que ingeria possam ser responsáveis por algumas das mudanças em seu comportamento.

Nas décadas de 1970 e 1980, psicólogos da University of Washington que estudaram comportamentos dependentes criaram uma nova abordagem para o estudo das expectativas que as pessoas nutriam quanto aos efeitos do uso de substâncias e, particularmente, do álcool. Seus métodos eram baseados no *efeito placebo*, ou seja, no efeito que uma substância quimicamente inócua ou neutra pode de fato provocar no comportamento ou sintomas da doença do usuário com base unicamente em suas expectativas. Num edifício de uma instituição de psicologia, aqueles intrépidos pesquisadores instalaram um bar (na verdade, uma espelunca). Eles realizaram uma série de experimentos, para os quais grupos de estudantes universitários eram levados ao "bar-laboratório" com os olhos vendados. Ali, eles eram informados que tomariam bebidas alcoólicas ou não alcoólicas e lhes eram dadas bebidas alcoólicas ou não alcoólicas, mas que tinham o cheiro e o sabor de bebida alcoólica.[4] A bebedeira que se seguia era ex-

---

4. Eram tomadas todas as precauções para assegurar que as bebidas não alcoólicas tivessem exatamente o mesmo cheiro e sabor das que continham álcool, entre elas o arranjo de várias "noitadas aprazíveis", nas quais os responsáveis pelo experimento testavam diferentes fórmulas e concentrações.

tremamente divertida (e gravada em vídeo) e o mais notável é que as pessoas que não tomavam álcool em geral se comportavam como bêbados inveterados. Na realidade, os bebedores de placebo se comportavam exatamente como os bebedores de álcool, fazendo provocações, apresentando dificuldade para manter o equilíbrio e dançando sobre as mesas. Quando a expectativa dos participantes era perder as inibições, eles de fato se livravam de todas. Em estudos posteriores, os pesquisadores constataram que quando os participantes esperavam que o álcool fosse deixá-los mais agressivos, eles de fato ficavam mais agressivos.

Portanto, qualquer que fosse a estranha substância química ingerida pelo Dr. Jekyll, a influência que ela exercia sobre seu comportamento pode corresponder aos tais *efeitos esperados*. É comum as pessoas usarem a ingestão de alguma substância como desculpa conveniente para justificar seus atos inapropriados. É possível que o Dr. Jekyll esperasse que a fórmula o levasse a ter impulsos "incontroláveis" quando, na verdade, a fórmula simplesmente lhe fornecia uma desculpa para seguir os impulsos de seu *id*.

Existem também evidências substanciais de que o Dr. Jekyll tenha se viciado no uso de sua própria fórmula. Em sua confissão, ele escreveu que tentou evitar tomar a poção, mas que foi incapaz de controlar seu desejo de tomá-la, mesmo depois de ter visto os efeitos terríveis que ela provocava. O Dr. Jekyll conseguiu abster-se de tomar a poção por dois meses, mas então teve uma recaída. Esse fenômeno do desejo tão intenso a ponto de não conseguir ser controlado é um sintoma comum da *dependência química*. Os indivíduos que são dependentes químicos tentam muitas vezes parar de usar a substância, mas continuam apesar de saberem de suas consequências negativas.

Conclusão

A batalha do Dr. Jekyll com seu alter ego Mr. Hyde pode ter sua causa na educação severa que recebera na infância, pode ser efeito do uso de uma substância química tóxica ou simplesmente de suas próprias expectativas quanto ao que aconteceria quando ele tomasse sua fórmula secreta. Seja como for, a insanidade do Dr. Jekyll o fez levar os experimentos consigo mesmo e sua busca de conhecimento longe demais. No final, os experimentos científicos improvisados do Dr. Jekyll resultaram em mortes violentas, perda de relacionamentos e autodestruição.

Diagnóstico

Eixo I: Portador de identidade dissociada; episódios maníacos induzidos pelo uso de substância química, severos e recorrentes; abuso de outra substância química (desconhecida).

Eixo II: Sem diagnóstico.

Eixo III: Sem diagnóstico.

Eixo IV: Sem diagnóstico.

Eixo V: AGF ou Avaliação Global do Funcionamento = 25 – deficiência extremamente grave: preocupações suicidas; uso recorrente de substância química.

JACK WHITESIDE PARSONS

(1914-1952)

"A liberdade é uma faca de dois gumes."
Jack Parsons

Nacionalidade: Norte-americana.
Principais ambições: Desenhar, construir e lançar foguetes e teleguiados.
Nome de batismo: Marvel[1]
Religião: Veneração a Aleister Crowley.
Principal rival: L. Ron Hubbard.
Passatempos preferidos: Orgias sexuais; invocação de demônios.
Tamanho do arquivo no FBI: 200 páginas.
Invenção menos conhecida: Poção venenosa de Parsons, um potente cocktail alcoólico.

---

1. Jack foi batizado com o nome de seu pai (cujo primeiro nome era Marvel), mas depois de um divórcio cheio de ressentimentos, sua mãe rebatizou-o com o nome de John Whiteside Parsons.

Genialidade:

Insanidade:

Introdução

Conhecido como o "pai da navegação espacial", Jack Parsons não foi apenas um brilhante construtor de foguetes, mas também um renomado ocultista. Ele foi pesquisador do Instituto de Tecnologia da Califórnia e fundador do Laboratório de Propulsão a Jato de Pasadena. Parsons tinha dificuldades em seus relacionamentos pessoais e parecia estar sempre buscando a aprovação dos outros. Uma receptividade infantil permeava tudo o que ele fazia, desde suas ideias sobre navegação espacial até sua crença no ocultismo, fazendo de Jack Parsons o único cientista maluco a ser também um enigmático líder religioso. Como um autoproclamado "Anticristo", Parsons estava decidido a dominar o planeta, até que L. Ron Hubbard roubou sua fortuna e sua namorada.

Retrato de um cientista

Jack Whiteside Parsons não teve uma infância típica das crianças de Pasadena. Ele foi criado na espaçosa propriedade de seu avô em Pasadena, Califórnia, enquanto a próxima cidade de Los Angeles passava por uma explosão populacional, estimulada pela indústria cinematográfica em plena expansão. Seu avô, Walter Whiteside, tinha muitos empregados e havia feito sua fortuna manufaturando equipamentos agrícolas e automóveis no Meio-Oeste. Desde criança, Jack conheceu de perto o mundo da riqueza e da ostentação. O jovem amo foi educado por professores particulares e governantas até por volta dos 12 anos. Seu contato com a família era tão raro que Jack chegou a adquirir o sotaque britânico por influência do convívio com a criadagem. Foi nesse ambiente recluso de esbanjamento que o futuro construtor de foguetes mergulhou na literatura clássica e nas revistas de ficção científica.

Foi naquele refúgio paradisíaco que Jack também construiu seus primeiros foguetes. Ele era desde muito cedo fascinado pela ideia de construir foguetes e viajar no espaço e costumava seguir as instruções que vinham nas contracapas das revistas e fascículos para montar modelos de foguetes por conta própria. Naquela época, fogos de artifício e ingredientes altamente explosivos eram legais e facilmente acessíveis a qualquer garoto que dispusesse de dinheiro. Mas Jack não foi o único garoto da redondeza a se interessar por explosivos; o então deserto despovoado de Pasadena era conhecido como o lugar onde a garotada se encontrava depois da escola e nos finais de semana para brincar com fogo. A liberdade com que Jack foi educado (para alguns, talvez fosse permissividade), juntamente com o dinheiro de que dispunha, permitiu que ele explorasse os elementos básicos da construção de foguetes no deserto que ficava logo ali atrás do quintal de sua casa.

Dislexia, rejeição dos colegas e amizades

Infelizmente para Jack, seu passado bem protegido não o ajudou a ser muito popular quando, já no nível médio, passou a estudar numa escola pública. Para qualquer criança que tenha sido educada em casa, passar a frequentar uma escola já é uma transição difícil, mas Jack teve de enfrentar ainda outros desafios. Conduzido para a escola numa limusine e obrigado a usar terno e gravata, Jack deixou seu cabelo crescer e enfiou o nariz em revistas de ficção científica. As outras crianças tratavam Jack impiedosamente, chamando-o de "mocinha" e "filhinho de papai" e puxando seus longos cabelos. Impopular entre os meninos de sua idade, Jack escolheu se refugiar no ambiente seguro da ficção científica.

Consta que Jack, apesar de ser um leitor ávido, tenha sofrido de *dislexia* – dificuldade de aprendizagem que uma criança de inteligência normal apresenta com a linguagem escrita, especificamente para ler e escrever. As crianças com problemas de aprendizagem costumam ser rejeitadas pelos colegas no início da adolescência, por perceberem que elas têm dificuldades para concluírem os trabalhos escolares e participarem das atividades da classe. No caso de Jack, seu problema de aprendizagem pode ter contribuído ainda mais para a rejeição que ele teve de suportar devido às diferenças em sua condição socioeconômica.

Ser alvo de uma rejeição dessa magnitude não é brincadeira. Numa situação extrema, Jack levou uma tremenda surra no pátio da escola. Pode ser engraçado imaginar a cena de um garoto rico e bem-vestido ter sua camisa impecavelmente limpa emporcalhada numa briga de garotos durante o recreio, mas a realidade da violência nas escolas é assunto sério. De fato, existem estudos demonstrando que as crianças rejeitadas pelos colegas são mais propensas a sofrerem de depressão quando adultas. Experiências escolares negativas também podem impedir que elas estabeleçam vínculos sociais e se envolvam plenamente em seus estudos.

Felizmente para Jack, ele tinha um amigo – Ed Forman. Tanto Ed como Jack eram garotos inteligentes que se saíam bem na escola, apesar de terem problemas de aprendizagem. A diferença era que Ed era um garoto bonito e popular, com muito mais capital social do que Jack. Apesar disso, o que os ligou foi a paixão por foguetes e aventuras. Como Auguste Piccard, ambos os garotos eram caçadores de sensações e adoravam a excitação produzida pelo ruído de um foguete sendo lançado e seu desaparecimento no espaço. O pai de Ed era engenheiro, o que (com a ajuda da conta bancária de Walter Whiteside) deu aos garotos acesso a ferramentas e conhecimentos para investirem na construção de foguetes cada vez maiores e mais aperfeiçoados. Quando a mãe de Jack o colocou para fazer o segundo grau num internato, ele fez explodir seus banheiros e foi mandado de volta para uma escola comum, consolidando com isso sua reputação de implacável dinamitador. Quando ingressaram na escola secundária em 1929, os dois garotos já haviam assumido um compromisso sério com a construção de foguetes, com o lema *ad astra per aspera*, ou seja: "Por caminhos pedregosos até as estrelas". Jack Parsons jamais frequentou qualquer curso universitário.

Psicopatologia: fascínio pelo oculto ou distúrbio da personalidade dependente?

O fascínio de Jack por coisas ocultas também teve início antes de ele iniciar a escola secundária. Conta-se que, aos 12 anos, ele tentava atrair o demônio para dentro de seu quarto. Mais tarde em sua vida, ele disse que havia conseguido. Quando estava com vinte e poucos anos, Jack e sua primeira esposa, Helen, começaram a frequentar a Missa Gnóstica da Igreja de Thelema. O fundador da igreja era Aleister Crowley, um mago britânico que pregava a mensagem hedonista de que as pessoas deviam fazer o que lhes desse na telha, buscando unicamente o próprio prazer. Aleister Crowley também proclamava que um espírito havia se incorporado nele para ajudá-lo a escrever a bíblia que a igreja seguia. Os membros da igreja realizavam regularmente rituais para invocar espíritos antigos e seus estados de consciência eram alterados para que pudessem falar com seres do plano espiritual. As cerimônias eram ostensivamente sexuais e eles costumavam invocar muitos seres cosmológicos que haviam sido inventados por Aleister Crowley. Quando a missa negra terminava, em geral os participantes já estavam envolvidos em práticas sexuais uns com os outros. Jack sentia uma estranha atração pelo líder da igreja local, Wilfred Smith, querendo saber mais sobre ele e os ensinamentos místicos que pregava.

Jack tinha a mente suficientemente aberta para acreditar em novos deuses cosmológicos e na capacidade humana para invocar espíritos, de maneira que sua disposição radical para acreditar também em outras coisas não foi nenhuma surpresa. Na década de 1930, ele participou de encontros de caráter comunista e, por isso, foi posteriormente submetido a interrogatório pelo FBI. Ele e seus amigos construtores de foguetes discutiam abertamente marxismo, poesia erótica e outros assuntos proibidos. A personalidade receptiva de Jack levou-o a acreditar sinceramente nos ensinamentos que a igreja pregava com respeito à liberdade sexual, de acordo com os quais a monogamia era uma piada que contrariava o verdadeiro desejo das pessoas – que era ter relações sexuais com quem lhes aprouvesse. Seguindo essa crença, ele começou a ter um caso com Betty, a irmã adotiva de 17 anos de sua esposa Helen. Essa atitude deixou Helen transtornada,[2] e ela procurou se consolar com o coroa Wilfred Smith, com quem acabou indo morar. Pelo visto, Jack encarou a situação toda de um ponto de vista flexível, pois os quatro acabaram morando todos juntos numa nova casa espaçosa, a Residência Ágape, comprada por Jack para a Igreja de Thelema que estava em franca expansão em Los Angeles. Quando a liderança de Wilfred Smith desagradou a Aleister Crowley e ele o afastou do poder, Jack Parsons e L. Ron Hubbard passaram a ser os novos líderes da congregação.

Como na infância Jack tivera poucos amigos, quando adulto ele fazia tudo para agradar a todos os seus amigos, mesmo aqueles que se aproveitavam dele. Embora querer agradar aos outros nem sempre seja uma atitude patológica, quando levada aos extremos, ela pode se transformar em problema, como um sintoma do *distúrbio da personalidade dependente*. As pessoas portadoras desse distúrbio costumam ter dificuldade para expressar suas discordâncias dos outros por receio de perder a aprovação deles; sua necessidade de obter aprovação pode levá-las ao ponto de muitas vezes fazerem coisas que contrariam seus princípios. Jack demonstrou muitas vezes esse tipo de comportamento. Pelo que consta, ele era um hospedeiro demasiadamente tolerante, permitindo certa vez a um amigo, que havia pedido para ficar em sua casa por alguns dias, que permanecesse por semanas, por incapacidade de mandá-lo embora. Ele permitiu que L. Ron Hubbard mantivesse um relacionamento sexual com sua esposa Helen e chegou até mesmo a comprar uma casa maior para a igreja, para que pudessem viver todos juntos e ainda alojar outros membros. Jack acabou se divorciando de Helen e se casando com a jovem Betty. Em outro esforço para agradar a Smith e Hubbard, Jack doou à igreja todo o seu salário para a manutenção da casa.

O fato de Jack não ter convivido com seu próprio pai pode ter contribuído para a sua necessidade de agradar aos outros, especialmente aos homens que ele via como figuras paternas. Numa carta a Wilfred Smith, Jack se refere a ele como o pai que nunca teve. Tais sintomas de dependência também podem se

---

2. Helen não ficou transtornada pelo fato de Jack ter um caso, mas pelo fato de o caso ser com sua irmã adotiva.

dever à fragilidade do ego e à vulnerabilidade emocional, fatores que alguns estudos demonstraram ter relação com a adesão a cultos e outros movimentos religiosos dos últimos tempos.

Correr riscos e quebrar regras:
é isso que faz a ciência espacial

Jack Parsons era extremamente inteligente, mas raramente seguia as regras estritas da ciência. Isso talvez se deva ao fato de ele não ter seguido a formação tradicional de um cientista espacial. Em vez disso, com 20 anos de idade, Jack conseguiu um emprego de nível relativamente baixo na Halifax Powder Company. O salário que ganhava com esse trabalho financiava o Grupo de Pesquisas de Foguetes, que era basicamente constituído por ele e seus amigos empenhados na construção de foguetes. Depois de prestar testemunho como perito no julgamento de um caso de explosão, Jack passou a ser visto como perito em foguetes. Ele foi contratado para trabalhar no recém-criado Laboratório de Propulsão a Jato do Instituto de Tecnologia da Califórnia, onde rapidamente assumiu o comando do "Pelotão Suicida", um grupo de pioneiros em experimentos dedicados a aprender tudo que pudessem sobre projetos de foguetes e os combustíveis explosivos que os moviam. Jack mostrou-se obstinado e metódico em seus experimentos com diferentes formas e combinações de explosivos e chegou mesmo a montar um laboratório pessoal em sua própria casa. Em 1936, Jack ajudou a fundar a AeroJet, uma empresa privada que fornecia combustíveis e motores a jato para companhias aéreas e para as forças armadas.

Nas décadas de 1920 e 1930, a construção dos foguetes ainda não era considerada uma ciência "legítima", mas antes vista como algo mais próximo da ficção científica; os pioneiros dessa ciência eram considerados "sujeitos que não tinham mais o que fazer". Mas Jack Parsons estava destinado a tirar a construção de foguetes do plano ficcional e colocá-la no plano do realizável. O mais importante momento de inspiração de Jack ocorreu quando ele desenvolveu uma classe totalmente nova de combustíveis para foguetes, chamada de combustíveis *maleáveis*. Essas substâncias eram combustíveis sólidos, mas não mais em pó ou em forma de balas. Eles começavam como líquidos que eram então endurecidos, de maneira semelhante ao alcatrão ou asfalto. O trabalho de Jack Parsons para desenvolver esses combustíveis preparou o terreno para possíveis viagens espaciais com explosivos plásticos.

Finais trágicos

O envolvimento de Jack com a construção de foguetes terminou mal. No final da década de 1940, quando trabalhava para a Hughes Aircraft, Jack Parsons foi acusado de alta traição por ter passado clandestinamente documentos altamente confidenciais do escritório para o governo de Israel, para cujo programa espacial ele havia se candidatado ao cargo de direção. Jack não conseguiu o cargo e acabou trabalhando para a indústria cinematográfica, com a produção de efeitos especiais.

O envolvimento de Jack com o ocultismo também acabou mal. Ele tinha pretensões de dirigir a Igreja de Thelema e esperava finalmente tomar o lugar de Aleister Crowley. Mas para azar de Parsons, L. Ron Hubbard foi mais astucioso e acabou levando os seguidores da Igreja de Thelema para a nova religião da Cientologia. Pior ainda foi, pelo que consta, L. Ron Hubbard ter se aproveitado da crença de Parsons em coisas ocultas para, segundo os boatos, apagar e acender as luzes quando Jack estava fazendo seus rituais com o intuito de fortalecer suas crenças. Os dois eram amigos próximos, mas L. Ron Hubbard também seduziu Betty, sua jovem nova esposa, e convenceu Jack a dar a eles todo seu dinheiro. Hubbard arrastou Betty para um mês de férias românticas numa viagem de iate financiada com o dinheiro de Parsons.[3]

Mas o final infeliz do segundo casamento de Jack não foi nada comparado com seu final trágico. Em 1952, Parsons provocou acidentalmente uma explosão química que destruiu sua casa e acabou com sua própria vida. Com pressa para executar um pedido de explosivos para efeitos especiais antes de

---

3. Além de andar com o fundador da Cientologia, Jack também conviveu com outros famosos escritores de ficção científica, como Isaac Asimov e Robert Heinlein.

partir numa longa viagem para o México, ele estava usando uma lata de estanho para misturar os ingredientes explosivos. Pouco tempo antes, Parsons havia sido obrigado a retirar sua grande quantidade de substâncias químicas incomuns e altamente explosivas de um depósito e levá-las para sua casa. Infelizmente, Parsons naquele dia estava trabalhando no porão cercado de grandes quantidades de nitroglicerina acondicionadas ao acaso em caixas de papelão. Por toda a sua vida, Parsons havia se exposto a riscos de acidente e até mesmo de morte ao trabalhar com substâncias químicas e explosivos altamente perigosos, mas naquele dia, ou foi um golpe do azar ou ele mesmo resolveu acabar com a própria vida ao descobrir que a Igreja de Thelema era uma fraude. Seja como for, o fato é que Jack Parsons morreu pela ciência. Ao saber da morte de Jack, sua mãe também acabou com a própria vida, tornando o final de Parsons ainda mais trágico.

Conclusão

É provável que por ter tido uma infância reclusa, Jack Parsons cresceu buscando a aprovação de homens mais velhos – a ponto de causar sua própria ruína. Apesar de ser um cientista obstinado com um brilhante talento para o estudo científico de foguetes, por toda a sua vida Parsons deixou que se aproveitassem dele. Mesmo assim, Parsons transformou a ideia da ficção científica de naves espaciais movidas por foguetes, que existia desde os livros de H. G. Wells, em realidade científica. Tanto os sucessos como os fracassos de Jack podem ser atribuídos à sua mente aberta. Embora sua disposição para acreditar tenha causado muitos problemas em seus relacionamentos e quase o levado à ruína financeira, sem a sua ingenuidade quase infantil é questionável se Jack Parsons teria levado a humanidade à era dos foguetes.

Diagnóstico

Eixo I: Problemas escolares; dificuldades de aprendizagem, especialmente com respeito à linguagem escrita (antes dislexia).

Eixo II: Distúrbio da personalidade dependente.

Eixo III: Sem diagnóstico.

Eixo IV: Situação de vida incomum (numa espécie de comunidade de caráter religioso ocultista).

Eixo V: AGF ou Avaliação Global do Funcionamento = 75 – deficiências brandas: problemas sociais passageiros resultantes de um estilo de vida incomum; condições de trabalho arriscadas.

NÃO MALUCOS, MAS SIMPLESMENTE IRADOS

Os cientistas são pessoas que vivem em outra dimensão e não dispõem de tempo para lidar com simples mortais como você e eu. Concentrados em seus esforços desesperados para salvar o planeta ou nas armas para destruí-lo, eles não podem ser incomodados pelas trivialidades da vida corriqueira. Mas até mesmo os cientistas mais distraídos dependem de mortais comuns como empresários e políticos para lhes proverem os recursos financeiros necessários para transformar seus projetos inventivos em realidade. Entretanto, aqueles que entendem de negócios nem sempre têm conhecimentos científicos do mesmo nível e isso pode fazer com que pessoas extremamente competentes tomem decisões extremamente estúpidas.

Nesta parte, vamos voltar a atenção para um grupo de cientistas cuja genialidade só é igualada por sua fúria implacável contra outros cientistas, grandes corporações e, é claro, os jovens. Na corrida para alcançar suas metas científicas, os gênios podem às vezes tropeçar e ter de lidar com os detalhes mesquinhos do mundo dos negócios e isso pode deixá-los, muito, mas muito irados.

OLIVER HEAVISIDE

(1850-1925)

"É incrível o que o cérebro é capaz de suportar; quebrar e se recompor. Fico muitas vezes me perguntando se não estou num hospício, cérebros incuravelmente imbecis, todos despedaçados e aturdidos."
Oliver Heaviside

Nacionalidade: Inglesa.
Principais ambições: Revolucionar toda a ciência; manter os filhos do vizinho longe do gramado.
Cabelo: Vermelho, repartido ao meio, achatado no topo.
Olhos: Fulminantes e, segundo relatos, capazes de espantar as crianças.
Preferências: Tocar harpa eólia; andar de bicicleta.
Aversão: Crianças.
Invenção: Cabo coaxial, que ele patenteou em 1880.
Condecorações: Ser admitido como Membro da Sociedade Real Britânica; duas crateras nomeadas em sua homenagem (uma na Lua e outra em Mar-

te); Medalha Faraday da Associação de Engenheiros Elétricos; ser admitido como Membro Estrangeiro Honorário da Associação de Engenheiros Elétricos dos Estados Unidos.

Genialidade:

Insanidade:

Introdução

Em seu apogeu, o Dr. Oliver Heaviside foi uma potência matemática viva que nunca se ateve a qualquer regra. Apesar de ter sido pioneiro da teoria do eletromagnetismo, Heaviside nunca exerceu nenhum cargo efetivo como professor ou engenheiro. Ele, no entanto, trabalhava sozinho em casa, procurando solucionar problemas de matemática e, pela maior parte de sua vida, continuou achacando seus pais e irmãos. Já maduro e reconhecido como matemático, Heaviside se tornou um franco-atirador mercenário – resolvendo equações de matemática em troca de dinheiro. Mesmo com o reconhecimento da comunidade matemática, uma pensão decente do governo inglês e uma coleção de prestigiadas láureas, Heaviside nunca suportou a proximidade de outras pessoas (ou vice-versa). Após uma carreira assombrosamente prolífica, Heaviside acabou vivendo como um eremita com sérios problemas psicopatológicos numa remota cidade litorânea. Testemunhas contam que, em seus últimos anos, Heaviside era comumente visto em seu jardim, todo sujo e molambento – com exceção de suas unhas, sempre impecavelmente tratadas e pintadas com esmalte cor de cereja – resmungando imprecações.

Retrato de um cientista

Oliver Heaviside nasceu na pior, mais violenta e suja parte de Londres no século XIX – Camden Town, o mesmo bairro em que viveu Charles Dickens quando pequeno. Juntamente com seus quatro irmãos mais velhos, Oliver lutou não apenas para sobreviver naquele ambiente perigoso e degradado, mas também para evitar as surras de seu pai violento. Felizmente para Oliver, sua mãe era professora e foi ela que o educou. Apesar de ter uma mente brilhante para a matemática, Oliver se recusou obstinadamente a estudar outras matérias, por considerá-las inúteis.[1]

Quando pequeno Oliver contraiu escarlatina, que o deixou parcialmente surdo. Mais tarde, ele declarou que essa deficiência o impossibilitou de brincar com outras crianças. Estudos recentes sugerem que doenças graves na infância podem influenciar tanto o desenvolvimento das crianças como suas relações familiares. E a criança que passa por um longo período de tempo doente apresenta maior probabilidade de ter seu desenvolvimento social e intelectual retardado. É muito provável que a surdez de Oliver tenha imposto dificuldades a seu desenvolvimento social, mas não há nenhuma evidência de retardamento intelectual.

Desde o começo, as chances sempre estiveram contra Oliver – até o aparecimento de Sir Charles Wheatstone. Quando Oliver era adolescente, sua irmã conseguiu se casar com Charles Wheatstone, que tinha um emprego como engenheiro elétrico. É muito provável que Wheatstone tenha representado para Oliver e seus irmãos (que viviam com medo do verdadeiro pai) o *exemplo* de cientista próspero a ser seguido. Apesar de o jovem Heaviside acabar por se tornar mais bem-sucedido do que o nobre Sir Wheatstone, sua infância pobre parece tê-lo livrado de qualquer necessidade de obter o respeito dos outros.[2]

A partir dos 16 anos, quando deixou de frequentar a escola, Heaviside passou a estudar por conta própria.[3] Por dois anos, ele viveu em casa, obrigando-

---

1. Em diversas anotações e cartas, Heaviside escreveu que "o ensino de gramática para crianças é uma prática bárbara que deveria ser abolida" e que "a química, como ensinada até hoje, não tem nada a ver com matemática". Ele também chamou a geometria de "...farsa deplorável". (Nahim, P. [2002], 17.)

2. Essa extrema indiferença que Heaviside demonstra para com o respeito que os outros possam lhe devotar contraria fortemente a atitude de outros cientistas malucos que buscam acima de tudo ser respeitados. (Ver *Dr. No*, páginas 33-41).

3. Philo Farnsworth também foi um autodidata, que jamais voltou a pisar numa sala de aula depois da adolescência.

se a seguir uma disciplina rígida de estudos de matemática e engenharia. Posteriormente, Oliver tornou-se um operador de telégrafo e, paralelamente ao exercício dessa função, continuou estudando por conta própria as leis da física e da matemática. Apesar de ser parcialmente surdo e não frequentar nenhum curso formal, Oliver aprendeu o código Morse e começou a entender os intricados mecanismos elétricos e magnéticos que permitem a transmissão de sinais por milhares de quilômetros de linhas telegráficas. Esse conhecimento lhe seria de grande utilidade por toda a sua vida de matemático solteirão.

Realizações científicas

As descobertas de Oliver Heaviside no campo da ciência e da engenharia são impressionantes, especialmente para alguém que carecia quase totalmente de educação formal. Heaviside trabalhou de forma independente nas áreas de física, matemática e engenharia. Como era de se prever, grande parte de seu trabalho foi induzido pelo desejo prático de entender e aperfeiçoar os sistemas de telegrafia e telefonia. Heaviside trabalhou apenas por seis anos na companhia telegráfica e, então, se "aposentou" aos 21 anos de idade para se dedicar inteiramente às suas pesquisas. Por exemplo, uma de suas primeiras contribuições foi a ideia de introduzir bobinas que aumentariam a capacidade das linhas telefônicas e telegráficas de longa distância e, com isso, reduziriam a ocorrência de sinais distorcidos. Essa inovação foi implementada nos Estados Unidos no início do século XX. Além disso, Oliver fez uma série de contribuições ao cálculo e sua obra original mudou o método de solucionar equações diferenciais em muitas áreas.[4]

Além dessa, Heaviside escreveu uma obra em três volumes sobre radiotransmissão e engenharia elétrica, que definiu uma série de termos básicos relativos a circuitos de corrente alternada, incluindo impedância e indução. Em 1880, Heaviside patenteou um cabo especial que minimizava a interferência en-

---

4. Segundo relatos, uma cópia de sua obra, *Heaviside's Operational Calculus*, foi enviada para Albert Einstein, que respondeu entusiasticamente, declarando-se encantado por finalmente saber qual era a "peculiar mágica matemática" de Heaviside.

tre os fios pelo revestimento de um fio interno com outro por fora. Essa nova invenção foi o *cabo coaxial* original, cujo uso é hoje amplamente generalizado.

Heaviside também fez contribuições substanciais à ciência teórica. Numa delas, ele teorizou que o céu tinha uma camada de partículas ionizadas (ou seja, eletricamente carregadas). Ele sugeriu que essa camada elétrica refletia ondas de rádio, o que podia explicar por que as ondas conseguem às vezes viajar em volta de todo o planeta em vez de dispararem para o espaço. Essa teoria foi comprovada em 1924, um pouco antes da morte de Heaviside. Apesar de um punhado de outros pesquisadores ter separadamente sugerido a mesma coisa, foi a descrição de Heaviside que permaneceu e a camada da atmosfera ganhou inicialmente o nome de "Camada Heaviside". Atualmente, ela é chamada de ionosfera.

Saúde física precária

Além da surdez causada pela escarlatina que o acometera na infância, Oliver Heaviside sofreu durante toda a sua vida adulta de uma série de doenças graves, sendo que algumas delas se agravaram ainda mais a partir dos 45 anos de idade. Apesar de praticar ciclismo e gozar de boa saúde durante os anos da meia-idade, aos 40 anos Heaviside foi diagnosticado com gota e icterícia. Consta também que ele tenha sofrido de malária e cálculo biliar.

A *gota* é uma doença causada pela metabolização indevida do ácido úrico, uma substância tóxica comum produzida pelo uso dos músculos. A doença ocorre devido ao excesso de ácido úrico na corrente sanguínea, formando depósitos cristalizados na superfície da cartilagem e dos tendões das articulações. Isso pode provocar dor e inchaço, especialmente nas articulações das mãos, pés, dedos e joelhos. A gota pode ser agravada pelo consumo de álcool e café e, às vezes, chega a formar cálculos renais. A *icterícia* é causada pelo funcionamento indevido do sistema hepático, resultando em excesso de bilirrubina (pigmento vermelho) no sangue. A icterícia se manifesta mediante sintomas como pele amarelada e olhos esbranquiçados. O surgimento da icterícia costuma vir acompanhado de febre alta.

Quando a saúde física é debilitada, as pessoas costumam ter sua qualidade de vida reduzida. Pode-se definir *qualidade de vida* como a capacidade de uma pessoa para realizar tarefas corriqueiras e para gozar a vida. No caso de Heaviside, sua qualidade de vida estava prejudicada de diversas maneiras por seus problemas de saúde. Sua capacidade de executar as tarefas físicas corriqueiras estava prejudicada pela dor que a gota causava, resultando em dificuldades para manter o asseio e a ordem de sua casa. A saúde de Heaviside também reduziu a qualidade de sua vida social e profissional, uma vez que a dor o impedia de se corresponder e interagir com colegas e amigos.

Personalidade e traços físicos fora do comum: uma excentricidade

Oliver Heaviside era descrito como um sujeito excêntrico e bizarro. Isso se devia provavelmente ao amálgama de características incomuns que o definiam. Embora essas características não pareçam ser sintomas de um único distúrbio psicológico, elas são, com certeza, incomuns e fizeram com que Heaviside sofresse algum nível de rejeição tanto da parte de outros cientistas como da vizinhança.

Surdez. Apesar de ser hoje amplamente aceita pela sociedade, na época de Heaviside a surdez era algo que marginalizava seu portador. Na realidade, costumava-se confinar as crianças surdas em instituições especiais, pois eram consideradas intelectualmente inferiores. Por isso, havia poucos adultos surdos levando uma vida independente. Enquanto criança, Heaviside foi apenas parcialmente surdo, mas com o passar do tempo, os sintomas foram se agravando e aumentando suas dificuldades de se comunicar com os outros, fazendo com que ele fosse visto com alguém ainda mais excêntrico do que já era.

Senso de humor fora do comum. Oliver Heaviside é descrito como alguém dotado de um senso de humor "malicioso" e de um sarcasmo extremamente insidioso. Esse senso de humor era facilmente aceito na comunicação escrita, mas muito mais difícil de ser tolerado pelas pessoas que tinham contato direto com ele. Além do mais, Heaviside costumava introduzir inapropriadamente comentários irônicos em seus trabalhos técnicos ou profissionais.

Guardava ressentimentos. De acordo com diversos relatos, Oliver Heaviside tinha dificuldade para aceitar críticas e jamais perdoava um insulto. Ele recusou um prêmio concedido por uma prestigiada instituição científica por ressentimento contra algo que o editor de uma publicação havia escrito anos antes. Quando um rival de toda a vida morreu, Heaviside demonstrou ressentimento ao escrever em seu obituário tratar-se de "... um homem intensamente ganancioso e mesquinho". É também muito provável que Oliver Heaviside guardasse ressentimentos contra as crianças que zombavam dele; ele escreveu notas sobre as maldades que essas crianças lhe faziam para denunciá-las à polícia, chamando-as de "imbecis insolentemente estúpidas".

Jamais entrou num carro. Apesar de os automóveis serem comuns na Inglaterra da década de 1920, Heaviside só entrou num carro em seus últimos dias de vida, quando foi transportado por uma ambulância para o hospital. Ele preferia andar de bicicleta e percorria com ela grandes distâncias, mesmo podendo contar com meios de transporte muito mais eficientes.

Um esquisitão de marca maior. Oliver Heaviside era a quintessência da esquisitice, o vizinho solteirão que levava uma vida solitária. Lamentavelmente, esse modo de vida dificultava ainda mais a aproximação, deixando-o cada vez mais isolado do convívio social, em particular nos últimos anos de sua vida.

Psicopatologia: agorafobia e demência

Há indícios de que Heaviside sofresse de sintomas de agorafobia e demência, apesar de eles só terem aparecido nos últimos anos de sua vida. *Agorafobia* é um distúrbio cujo portador sofre de medos mórbidos de sair de casa, estar entre multidões ou viajar de ônibus, trem ou automóvel. Além disso, o portador desse distúrbio costuma ser acometido de tais níveis de medo e ansiedade que chega a evitar sair de casa e, em geral, não consegue dominar esse medo para voltar a funcionar normalmente sem alguma intervenção externa. Entre os casos mais severos de agorafobia, há indivíduos que passaram décadas sem sair de casa. Quando já em idade avançada, Heaviside com certeza recusava-se a sair de casa e até mesmo a permitir que os outros lhe prestassem ajuda. Tampouco andava de carro, outro sintoma de agorafobia.

O fato de não sair de casa parecia não ser absolutamente nenhum problema para Heaviside. No entanto, os sintomas que mais o incomodavam eram a perda gradativa da memória e a confusão mental, sintomas típicos da demência.[5] Ele escreveu que suas doenças haviam passado para o cérebro, fazendo, por exemplo, com que esquecesse que havia colocado ovos para cozinhar no fogão e deixasse a comida queimar no forno. Consta que Heaviside assinava suas cartas com as iniciais "W. O. R. M.", cujo significado era conhecido apenas dele mesmo. As pessoas que sofrem de demência têm às vezes uma percepção distorcida de si mesmas e até mesmo ilusões de serem outra pessoa. Heaviside chegou ao ponto de finalizar uma carta com a frase "Eu sou, meu senhor, seu sincero e anagramaticamente O! Ele é um perfeito Demônio, W. O. R. M.", que deixou seu receptor totalmente confuso e que fornece mais evidências da confusão mental de Heaviside.[6]

Heaviside também apresentava *sintomas comportamentais* em decorrência da demência (e acompanhados de distúrbios psicóticos). De acordo com testemunhos, ele começou a levar blocos de granito para dentro de casa para usá-los como móveis. Heaviside também se recusava a deixar que vizinhos e amigos entrassem em sua casa e iniciou o que ele chamou de "disputa" com a Lipton, empresa fornecedora de gêneros alimentícios. Heaviside reclamou que a empresa havia lhe enviado leite adoçado em lata em lugar do produto puro e natural que ele havia encomendado e iniciou uma longa correspondência com a sede da empresa na Suécia. Por motivos desconhecidos, ele começou a pin-

---

5. Ver Hubert J. Farnsworth para uma descrição mais completa de demência.
6. Nahim, P. (2002), 238.

tar as unhas com esmalte cor-de-rosa, talvez para ocultar que estavam amareladas em decorrência da icterícia. Em resumo, Heaviside era um homem retraído que apresentava sintomas de agorafobia acompanhados dos distúrbios mentais e comportamentais típicos da demência. Muitos fatores podem ter contribuído para o surgimento desses sintomas.

Doenças médicas. Heaviside escreveu numa carta que sua dor e saúde precária o levaram a ter um "ataque violento de desarranjo interno" pelo menos em uma ocasião. As condições de saúde de Heaviside provavelmente tenham contribuído para o surgimento de seus problemas mentais.[7] Existem fortes evidências de que a deterioração da saúde física, bem como simples desarranjos do sistema digestivo, podem levar ao agravamento dos sintomas de demência em pessoas idosas. É também muito provável que a queda de uma escada e sua consequente lesão nas costas tenha contribuído para a derrocada final da saúde física e mental de Heaviside.

Isolamento social. Heaviside também se isolou ao escolher viver numa cidade relativamente pequena. Ele gostava de trabalhar sozinho e passava a maior parte do tempo lendo e escrevendo sobre ciências. Essa extrema introversão fez com que as crianças da vizinhança, sem fazer ideia de que ele era um cientista internacionalmente renomado, começassem a persegui-lo. É sabido que as crianças atiravam pedras nas vidraças de sua casa, pichavam insultos no portão, o provocavam com ofensas e roubavam frutas de seu quintal.[8]

Status permanente de solteirão. Até completar 47 anos, quando se mudou para Newton Abbot, Oliver morou com os pais, com exceção dos três anos seguidos em que trabalhou como operador de telégrafo na Dinamarca. Embora continuar morando com os próprios pais até a meia-idade pudesse ser con-

---

7. Nahim, P. (2002), 295.
8. Uma criança que havia morado ao lado do velho Oliver Heaviside, Beverley Nichols, escreveu posteriormente que "[Heaviside] raramente andava vestido e costumava usar um quimono de seda rosa claro". (Nichols, B. [1972].)

siderado algo mais comum na época de Heaviside, um homem não se casar continuava sendo algo incomum. Existem estudos demonstrando que, em média, o casamento é algo benéfico para a saúde e o bem-estar dos homens. No caso de Heaviside, ele provavelmente teria se beneficiado tanto socialmente como fisicamente da presença de uma companheira que cuidasse dele.

Conclusão

Oliver Heaviside foi um personagem incomum que sofreu quase a vida toda de problemas sérios de saúde. Além disso, ele apresentava sintomas clinicamente severos de agorafobia e demência. Apesar de todas essas dificuldades e também da falta de uma educação formal, Heaviside trouxe importantes contribuições nas áreas de matemática e engenharia que mudaram para sempre o modo de solucionar as equações diferenciais. E temos de reconhecer, o que seria de nós sem o cabo coaxial que traz a televisão para dentro da nossa casa?

Diagnóstico

Eixo I: Problemas ocupacionais; declínio da capacidade cognitiva com o aumento da idade; agorafobia; demência.
Eixo II: Sem diagnóstico.
Eixo III: Gota; icterícia; perda da capacidade auditiva; histórico de escarlatina.
Eixo IV: Condições precárias de vida (casa caindo aos pedaços).
Eixo V: AGF ou Avaliação Global do Funcionamento = 20 – deficiências graves: algum risco de ferir a si mesmo; ataques frequentes de raiva; incapacidade de manter o mínimo de higiene pessoal.

PHILO FARNSWORTH

(1906-1971)

"A televisão é uma dádiva de Deus, e Deus terá consideração por aqueles que usarem seu instrumento divino."
Philo Farnsworth

Estados de origem: Utah e Idaho.
Principais ambições: Eletricidade irrestrita para toda a humanidade.[1]
Patentes: Mais de 130 patentes registradas nos Estados Unidos e pelo menos 100 patentes em outros países.
Preferências: Passar o tempo em seu laboratório.
Aversões: Corporações gigantes, advogados de patentes.
Sósia fictício: Professor Hubert J. Farnsworth, personagem do seriado televisivo *Futurama*.
Recebeu o nome em sua homenagem: O Pico Farnsworth, uma montanha

---
1. Essa ambição é notavelmente semelhante à de Nikola Tesla de prover eletricidade sem fio ao mundo todo.

perto de Salt Lake City, capital do estado de Utah, usado para transmissão de rádio e televisão.

Genialidade:

Insanidade:

Introdução

Ajoelhe-se para reverenciá-lo, porque Philo Farnsworth inventou a televisão eletrônica. Mas lamentavelmente, sua carreira científica tornou-se presa da Radio Corporation of America (RCA), a gigantesca corporação transmissora de rádio e televisão. O cientista cresceu no campo conduzindo veículos puxados a cavalos e morreu depois de ter contribuído para levar a sociedade a uma nova era eletrônica. Enquanto a maioria dos adolescentes dos dias de hoje fica embasbacada diante da televisão, com 14 anos, Philo Farnsworth passava o tempo matutando a ideia que criaria a televisão; ele traçou seu primeiro esboço num quadro-negro de sua escola secundária. Em 1927, o ousado estudante de ciências tinha 21 anos e orgulhava-se de ser o dono do protótipo de um aparelho de televisão. Mesmo assim, talvez você nunca tenha ouvido falar nesse homem. Apesar de sua notável contribuição à ciência, Farnsworth só foi perceber plenamente a importância de sua invenção dois anos antes de morrer, quando em 1969 ele assistiu à transmissão em rede nacional de Neil Armstrong pisando na Lua. Ele também só obteve o merecido reconhecimento por seu trabalho postumamente, como resultado do empenho de sua mulher para que lhe fosse dado o crédito que merecia. A frustração impôs um pesado tributo nos últimos anos de sua vida, quando Farnsworth foi acometido de uma série de problemas psicológicos. Atualmente, seu sósia fictício, o encarquilhado Professor Hubert J. Farnsworth balançando os punhos no seriado *Futurama*, é transmitido pelo Comedy Central – um dos incontáveis canais hoje disponíveis pelo "sistema elétrico de projeção de imagens" criado por Philo Farnsworth.

Retrato de um cientista

Philo Farnsworth cresceu nas propriedades agrícolas de sua família nos estados de Utah e Idaho. Como a família Farnsworth enfrentava dificuldades financeiras, Philo e seus quatro irmãos nem sempre tiveram comida suficiente à mesa. A *deficiência alimentar* na infância pode acarretar enormes prejuízos para o desenvolvimento físico e mental de uma criança, mas parece não ter causado efeitos duradouros sobre Philo. Quando ele era pequeno, o rádio estava apenas começando a exercer seu papel decisivo na vida dos norte-americanos e a ideia de um "rádio com imagens" e outras coisas envolvendo a eletricidade prendiam a imaginação de Philo. Na década de 1920, a família Farnsworth dispunha de um rádio em casa e, já no início da década de 1930, outros 14 milhões de lares norte-americanos passaram a tê-lo. Eles também dispunham de veículos puxados a cavalos e de criação de animais e, com a mudança da família de Utah para Idaho, quando Philo tinha 11 anos de idade, ele foi encarregado de conduzir um dos três veículos da família por mais de oitocentos quilômetros até a nova propriedade da família Farnsworth. Em 1919, os Farnsworth se mudaram para uma fazenda com gerador elétrico, onde Philo logo se encarregou de ser o perito em eletricidade da família, prontificando-se a reparar e fazer a manutenção do gerador.

Do ponto de vista acadêmico, Philo teve poucas oportunidades na infância. Ele frequentou pequenas escolas locais e surpreendia os professores com seus conhecimentos de ciências e sua disposição para saber mais sobre eletricidade. Apesar das extremas dificuldades econômicas e dos recursos limitados, os pais de Philo estavam dispostos a garantir que ele tivesse o máximo de instrução possível e também todas as oportunidades para alcançar o sucesso. Grande parte dos conhecimentos, e também do entusiasmo, de Farnsworth foi extraída da leitura da revista *Science and Invention*, à qual seu pai lhe facilitava o acesso. Philo preferia muitas vezes ficar lendo essa revista, consertando equipamentos agrícolas e pensando em suas ideias sobre eletricidade a brincar com seus irmãos, tocar violino ou realizar suas tarefas agrícolas.

Philo foi bem-sucedido em suas invenções desde a adolescência e passou a maior parte de sua vida envolvido diretamente com rádios. Ele ouvia notícias e outros programas pelo rádio da família Farnsworth e procurava acrescentar melhorias como, por exemplo, botões para melhorar a sintonização. Philo participou de muitos concursos de invenções promovidos por revistas e venceu muitos deles. Seus pais incentivavam suas iniciativas inventivas – uma das invenções de sua infância foi uma chave de ignição antifurto para automóveis,[2] pela qual Philo recebeu o prêmio de 25 dólares num concurso de invenções promovido por uma revista. Num prenúncio agourento do que estava por vir, no entanto, o pai de Philo enviou o dinheiro do prêmio a um advogado de patentes para impedir que as ideias do filho fossem roubadas, mas jamais obteve qualquer resposta.

A televisão torna-se realidade

Em 1920, Philo estava arando as terras da família quando teve uma inspiração: a possibilidade de decompor imagens, fileira por fileira, exatamente como o campo que ele estava arando, para serem transmitidas. Essa ideia brilhante foi a chave para o entendimento que levou Philo a inventar a televisão *eletrônica*. Naquela época, alguns cientistas haviam criado um *sistema mecânico* para projeção de imagens que usava pequenos espelhos entre outras coisas, mas Philo foi o primeiro a usar elétrons para essa finalidade. Em 1922, com apenas 15 anos de idade, Philo esboçou sua ideia de sistema elétrico para projetar imagens num quadro-negro para o professor de química de sua escola secundária. Apenas cinco anos depois, essa ideia se tornava realidade e uma imagem da nova vida de Farnsworth era televisionada com sucesso numa demonstração em San Francisco.

Esse sucesso relativamente rápido é algo notável, especialmente se considerarmos que Farnsworth concluiu seu invento sem ajuda financeira ou suporte substancial de qualquer corporação ou universidade importante. Ele contou,

---

2. Chaves para carros surgiram alguns anos após a invenção do carro. Os primeiros automóveis eram equipados com um simples mecanismo para ligar o motor, o que os deixava vulneráveis ao furto.

no entanto, com o apoio de sua mãe. O pai de Philo morreu em 1924, e sua mãe encarregou-se pessoalmente de tomar as providências para assegurar que o filho não desperdiçasse seu tempo prestando serviço militar. Ela escreveu uma carta a seu senador, dizendo que sua família precisava de Philo, tanto de sua ajuda financeira como de seu trabalho na fazenda. Isso decepcionou a Marinha dos Estados Unidos, porque Philo havia obtido o segundo lugar no teste de aptidão para ingressar na Academia Naval e havia sido aprovada sua admissão na academia de Anapolis, em Maryland. Philo frequentou alguns cursos na Brigham Young University, prestando serviços ocasionais para poder estudar, mas concluiu que nem ele nem sua família tinham condições financeiras para isso.

Em 1926, Philo era conhecido como Phil. Finalmente, ele se empenhou seriamente em seu projeto televisivo e abriu uma loja e oficina de consertos de rádio em parceria com seu cunhado em Salt Lake City. Com isso, ele podia passar todo o tempo livre trabalhando com televisão e obter um financiamento para iniciar suas pesquisas. Já casado com Elma, Phil obteve recursos de um investidor e mudou sua oficina de rádio e laboratório para San Francisco, onde, no apartamento do casal, realizou seus primeiros experimentos televisivos.

Tecnologia: o que vem depois de inventada a televisão?

O trabalho de Farnsworth como cientista e inventor não parou com a invenção da televisão. Durante a década de 1930, ele trabalhou aperfeiçoando as tecnologias necessárias para criar imagens televisivas mais nítidas e precisas. Ele também criou diversas câmeras televisivas portáteis, demonstrando seu uso com a filmagem de eventos esportivos populares, como uma partida de futebol do Philadelphia Eagles e de espetáculos transmitidos ao vivo, como de dança sapateado. Uma de suas câmeras foi usada para filmar os jogos olímpicos de 1936. Phil continuou trabalhando ativamente com suas invenções durante a Segunda Guerra Mundial e suas empresas recebendo cada vez mais suporte das forças armadas. A partir de seu laboratório sediado em Maine, Farnsworth dirigia todas as pesquisas de suas empresas. Os estudos realizados naquela época contribuíram para a bomba dirigida – mais exatamente, teleguiada. Colocado numa bomba, o "tubo dissector de imagens" transmitia o que a bomba "via" para o centro de operações. Essas pesquisas acabaram possibilitando a visão de Neil Armstrong pisando na Lua.

O Império Farnsworth

À maneira típica dos cientistas malucos,[3] Farnsworth também tendia a dar seu próprio nome a suas empresas e invenções. As seguintes são empresas nas quais ele tinha participação direta:

- Farnsworth Television Laboratories: 1926-1935.
- Farnsworth Television Incorporated: 1935-1938.
- Farnsworth Television and Radio Corporation: 1938-1949.
- Farnsworth Electronics (companhia subsidiária da ITT em sua plena posse): 1954-1958.
- Farnsworth Research Corporation (companhia subsidiária da ITT em sua plena posse): 1957-1967.
- Philo T. Farnsworth and Associates: 1968-1971.

Observação: Farnsworth trabalhou também para a Philco Radio and Television Corporation, mas a marca Philco vem de Philadelphia, não de Phil.

Psicopatologia: transtorno de personalidade paranoide ou indignação justificada?

Quando envolvido numa batalha legal contra a RCA, algumas pessoas consideraram sua atitude ante a empresa como *paranoide*, por acusá-la de tentar roubar suas invenções ou usurpar suas patentes. Mas as evidências realmente sugerem que qualquer desconfiança ou suspeita que Farnsworth tenha tido nesse caso não foi mero sintoma de desvio de personalidade. O sintoma básico do

---

3. Por exemplo, Lex Luthor.

desvio de personalidade paranoide é o indivíduo suspeitar, *sem suficientes fundamentos*, de que os outros o estão explorando, prejudicando ou enganando. Farnsworth tinha fundamentos mais do que suficientes para suspeitar de que estava sendo explorado pela RCA. Na verdade, Vladimir Zworykin, um engenheiro que trabalhava para a RCA, foi convidado a visitar os laboratórios televisivos de Farnsworth com a esperança de que a empresa se dispusesse a produzir suas invenções em larga escala. Essa visita desencadeou uma guerra em torno de patentes que se prolongaria por décadas entre Farnsworth e a RCA. Zworykin foi tratado com muita cordialidade e teve uma completa demonstração e explanação de como o sistema funcionava. Logo em seguida, a RCA começou suspeitosamente a desenvolver sistemas similares e lançou uma campanha publicitária dedicada a promover as vantagens de seu próprio sistema sobre o de Farnsworth. Passando da injúria para a afronta, a RCA moveu uma ação judicial contra Farnsworth, acusando-o de violar uma patente que pertencia a Zworykin desde 1923. Farnsworth acabou vencendo a batalha jurídica, em parte devido ao testemunho daquele que fora seu professor de química na escola secundária, mas só depois de anos de constante ansiedade. Mas, infelizmente para Farnsworth, a RCA venceu facilmente a guerra publicitária, alcançando naquela época o primeiro lugar na produção de rádio e televisão. Não é de surpreender, portanto, que Farnsworth visse com desconfiança as grandes corporações. Posteriormente em sua vida, ele passou a criticar o sistema de patentes, alegando que, por seu alto custo em dinheiro e, com isso, desviando os recursos que poderiam ser destinados a mais pesquisas e desenvolvimento, esse sistema prejudicava as pequenas empresas.

Pressões, compulsões e estratégias de fuga

Farnsworth teve de enfrentar em sua vida uma série de situações estressantes e, para lidar com elas, ele desenvolveu um padrão que, por vezes, mostrou-se problemático. Situações estressantes não são necessariamente negativas; são situações de mudança pelas quais todos nós passamos e que podem incluir eventos positivos como o casamento ou o nascimento de um filho. Infelizmente, no caso de Farnsworth, a maioria desses eventos foi de natureza negativa. Seu pai morreu quando ele era ainda adolescente e, em 1932, seu segundo filho morreu com treze meses de vida. Em resposta a tais situações de stress, de acordo com testemunhos, Phil mergulhou no trabalho. *Estratégias de enfrentamento* são medidas que as pessoas tomam para minimizar, tolerar ou suportar as situações de stress. Estudos demonstraram que as estratégias que lidam diretamente com os problemas, como as que fazem uso de afirmações positivas ou que permitem à pessoa vivenciar suas emoções, são as mais eficazes no sentido de proporcionar o ajustamento emocional posterior ao evento. Por outro lado, as *estratégias de fuga*, como o retraimento emocional ou o desvio da atenção do problema para outras distrações, ou recorrer ao álcool para evitar o problema, dificultam o ajustamento emocional. De acordo com testemunhos, Farnsworth adotou a estratégia de trabalhar compulsivamente e, por vezes, recorria ao álcool, que com certeza não são os melhores meios para lidar com situações de stress.

Apesar de, segundo relatos, Farnsworth sofrer às vezes de depressão, pela maior parte de sua vida, esse problema nunca chegou ao ponto de se tornar um *distúrbio clinicamente significativo* ou uma *deficiência funcional*, requisitos para ser diagnosticado como portador de transtorno bipolar. Na realidade, é mais provável que Farnsworth tenha sofrido episódios maníacos ocasionais que o levaram ao esgotamento físico e mental. Durante a maior parte de sua vida, esses episódios foram brandos. Episódios maníacos brandos *podem* resultar em elevação do ânimo e aumento da produtividade, mas o típico transtorno maníaco deixa a pessoa impossibilitada de ser feliz, num estado mental em que ela se torna cada vez mais irritável e incapaz de reduzir seu nível de atividade. Farnsworth é descrito como trabalhador compulsivo, desde muito jovem. Ele chegava muitas vezes a esquecer de se alimentar quando estava trabalhando num projeto, tal era seu nível de nervosismo e excitação. As estratégias de fuga de Phil, mergulhando no trabalho em seu laboratório para não enfrentar os outros problemas, podem ter prolongado ou agravado esses episódios. De acordo com sua mulher, Farnsworth sentia às vezes necessidade de beber para acalmar os nervos. Mais adiante em sua vida, ele teve pelo menos um colapso nervoso, termo vago que diz muito pouco em termos de diagnóstico psicológico específico. É bem provável que esse colapso tenha sido provocado por um episódio maníaco.

Últimos anos: fusão nuclear

Algumas evidências indicam que, no final de sua vida, Farnsworth sofreu de delírios brandos, alguns deles centrados em torno da produção de energia pela fusão nuclear. Phil nunca considerou que a televisão fosse seu invento mais importante – ele acreditava que seu "Projeto de Fusão" para criar energia a partir da fusão nuclear fosse sua mais importante contribuição científica. Apesar de a importância dessa energia ainda não ter sido comprovada como avanço da ciência nuclear, Farnsworth certamente delirava com a possibilidade de resolver um problema científico dessa envergadura em seu pequeno laboratório. Sua teoria da fusão nuclear envolvia um método para criar energia barata que, ele acreditava, iria revolucionar o mundo todo.[4] A partir de seu pequeno laboratório no Maine, Farnsworth fundou sua última empresa em 1968, a Philo T. Farnsworth and Associates. Como definição de sua missão, a empresa ressaltava a meta de criar "teorias ímpares que possam trazer soluções para os problemas do mundo".

Os objetivos do "Projeto de Fusão" eram admiráveis; no entanto, era uma insensatez da parte de Farnsworth achar que experimentações de baixo orçamento pudessem resultar na produção de recursos energéticos ilimitados. Mas, de acordo com testemunhos, Phil achava que estava avançando e chegou a hipotecar sua casa pela segunda vez para financiar o empreendimento. Em 1969, ele já havia registrado cinco patentes relacionadas com a produção de energia pela fusão nuclear, entre elas a do "Revólver de elétrons na forma de um multicompactador" e o "Amplificador de micro-ondas utilizando o sistema de multicompactação para produzir aglomerados de elétrons a intervalos regulares". Diante de outra situação de stress que seria decisiva em sua vida – sua própria

---

4. Muito semelhante às ideias de Nikola Tesla.

saúde em processo de deterioração – a resposta de Phil foi a mesma de sempre: trabalhar ainda mais arduamente. A pressão e o desejo o compeliram a trabalhar ainda mais, por saber que o tempo que lhe restava de vida era limitado. Sua insistência em trabalhar era tanta, apesar do estado precário de sua saúde, que seus familiares o conduziam para o laboratório numa padiola.

A esposa e a outra na vida de Farnsworth

Consta que quando se casou, Phil Farnsworth tenha advertido sua esposa a respeito da "outra mulher" em sua vida, ou seja, a televisão. Não há nenhuma dúvida de que Elma "Pem" Farnsworth era indispensável, a ponto de ele declarar "minha mulher e eu criamos esta TV". Enquanto Phil era retraído e tímido, Pem era articulada e encantadora. Em muitos aspectos, foi ela que conduziu a primeira empresa de Farnsworth, fazendo tudo desde soldagem por ponto e cálculos até o trabalho de secretária e de escrituração contábil. Ela era a primeira pessoa na folha de pagamento da empresa Farnsworth's Televison Laboratories e trabalhava em todas as suas empresas. Elma deu à luz os quatro filhos do casal, criou-os e manteve a casa da família em ordem. Em 1942, estando muito mal de saúde, Phil não se cuidava como deveria. Foi só quando Pem ameaçou abandoná-lo que ele se dispôs a procurar a ajuda médica de que necessitava. Quando Farnsworth morreu, Pem estava convencida de que a RCA o havia privado do reconhecimento que ele merecia e se empenhou para corrigir a injustiça. Ela conseguiu que ele fizesse parte de muitas galerias da fama de inventores, fosse homenageado num selo postal dos Estados Unidos e tivesse sua memória consagrada na estatuaria nacional de Washington, D. C.

Conclusão

Philo Farnsworth foi o visionário que nos legou a fonte de entretenimento do mundo moderno. Sua participação no mundo dos negócios lhe custou altos níveis de stress, com os quais ele nem sempre conseguiu lidar de maneira positiva. Do mesmo modo que, quando jovem, ele visualizou o funcionamento da televisão, no final da vida Phil visualizou a fusão nuclear em atividade para criar fontes de energia para o consumo por pessoas e comunidades inteiras e tornar possível a exploração do espaço, além de dessalinizar a água do mar a fim torná-la potável e controlar o clima. Movido durante toda a sua vida pela curiosidade (e por alguns sintomas maníacos), Farnsworth morreu aos 64 anos de idade. Se ele tivesse vivido por mais uma ou duas décadas, poderíamos já estar desfrutando das fontes de energia segura, limpa e barata que ele almejou para toda a humanidade.

Diagnóstico

Eixo I: Problemas ocupacionais; episódios maníacos ou hipomaníacos de gravidade moderada.

Eixo II: Sem diagnóstico.

Eixo III: Sem diagnóstico.

Eixo IV: Processo judicial exaustivo.

Eixo V: AGF ou Avaliação Global do Funcionamento = 70 – sintomas brandos: episódios maníacos ocasionais; relacionamentos interpessoais significativos.

HUBERT J. FARNSWORTH

(Apareceu pela primeira vez em 1999 como protagonista do seriado televisivo de animação *Futurama*.)

"Dizem que a loucura faz parte de nossa família. Alguns chegam a me considerar louco. E por quê? Porque eu ouso sonhar com minha própria espécie de monstros atômicos?"
Hubert J. Farnsworth, no episódio "A Fishful of Dollars" do seriado de animação *Futurama*.

Nacionalidade: Terráquea.
Principais ambições: Criar uma raça de mutantes superatômicos; tirar uma soneca.
Cabelo: Careca estilizado.
Trajes preferidos: Jalecos brancos de laboratório; blusões de gola olímpica; andar nu.
Preferências: Cenoura em compota; andar de pijama; ser temido.
Aversões: Ogden Wernstrom.

Apelido: O Professor.

Condecorações: A Medalha Poluente da Poluição.

Genialidade:

Insanidade:

Introdução

No seriado animado de televisão *Futurama*, o Professor Hubert J. Farnsworth desempenha o papel do gênio caduco que está por trás de muitas invenções surpreendentes que ameaçam salvar (e às vezes destruir) a cidade de Nova York, o planeta Terra e ocasionalmente o universo que conhecemos. Esse cientista velho e caduco recebeu seu nome em homenagem ao verdadeiro inventor Philo Farnsworth. O primeiro inventou a televisão e o segundo está *na* televisão, mas ambos foram velhos ranzinzas que se acreditavam perseguidos implacavelmente por inimigos tanto reais quanto imaginários.

Apesar de ser um dos seres humanos mais velhos do planeta (ele parou de contar a idade aos 160 anos), o Professor continua exercendo sua função na Universidade de Marte, além de supervisionar um serviço de entrega interplanetária e ser constantemente solicitado por políticos (por exemplo, do governo de Richard Nixon) para solucionar problemas científicos de importância global. Apesar de ter uma vida profissional ativa, o Professor Farnsworth sofre os efeitos físicos e mentais da idade avançada, apresentando sinais visíveis de demência e de uma preocupante falta de empatia para com os outros.

Retrato de um cientista

Hubert J. Farnsworth nasceu no futuro distante. Antes de se tornar um autodenominado "cientista maluco", Hubert foi por muitos anos um "estudante universitário maluco". Naquela época, ele fez o primeiro de seus muitos inimigos duradouros na comunidade científica. Para provar que a caligrafia tinha importância, Farnsworth atribuiu a nota máxima a um enfurecido Ogden Wernstrom, que jurou se vingar. Os dois se tornaram inimigos pelo resto de suas vidas.

Terminado o curso de graduação, Farnsworth começou a trabalhar como profissional de robótica na MomCorp. A arrogante diretora-presidente da empresa, uma mulher chamada "Mom" (Mãe), usava o sexo e a violência para constranger o jovem cientista a contrariar seus princípios morais fazendo invenções questionáveis. Por exemplo, ela o pressionou a construir protótipos de robôs que consumiam grande quantidade de álcool e soltavam enormes quantidades de poluentes na atmosfera. A proliferação desses robôs foi de tal magnitude que acabou transformando Mom numa das mulheres mais ricas do planeta, só que à custa do aquecimento global generalizado. Apesar de manter um caso ardente com Mom, Hubert Farnsworth acabou se cansando da insistência dela para que ele construísse robôs que contrariavam seus princípios morais.

Num último esforço desesperado para mostrar a Mom uma invenção positiva, ele criou o "Q. T. McWhiskers", um robô em forma de ursinho de pelúcia que soltava miados, lançava raios de seus olhos fulminantes e fazia chover amor e afeto por onde andava. Depois que Mom transformou o modelo Q. T. num berne mortífero com 2,40 m de altura e raios *laser* de nêutron nos olhos e a mesma tendência alarmante a soltar miados, Farnsworth decidiu abandonar a empresa (e a amante) para iniciar uma carreira independente como chefe de si mesmo.

Realizações científicas

Como um cientista apaixonado, Farnsworth não é impelido apenas pelo desejo de ampliar os limites das possibilidades científicas, mas também por um sentimento de empatia que o leva a querer consertar os próprios estragos. Ele também se dispõe muitas vezes a arriscar a própria vida (e a das pessoas ao seu redor) quando suas invenções provocam situações ameaçadoras. Quando seu macaco de inteligência fora do comum escapa, Farnsworth o persegue corajosamente dentro da Selva Marciana. Quando a construção de seus robôs contribui para agravar o aquecimento global, Farnsworth coloca-se entre os fios de retículo de um raio *laser* em órbita no espaço e, para esfriar a Terra, a desvia um pouco de sua órbita.

Trabalhando em seu laboratório e empresa doméstica, o Professor Farnsworth produziu entre inúmeras outras, as seguintes invenções surpreendentes:

Nave intergaláctica. Esse protótipo avançado de nave espacial foi desenvolvido pelo Professor Farnsworth para percorrer as galáxias em horas, usando um incrivelmente potente motor de matéria escura. A nave é equipada com fasímetros, torpedos e uma âncora com fios indestrutíveis de diamante. Além disso, o Professor construiu em seu topo a "cúpula da raiva", para ter um lugar seguro onde extravasar suas muitas frustrações.

"Cheiroscópio" (ou "**Olfatoscópio**"). Um instrumento semelhante ao telescópio que permite ao observador farejar os mais distantes corpos celestes. Cada corpo celeste tem sua própria fragrância, sendo que Júpiter tem cheiro de morango, enquanto Saturno cheira a agulha de pinheiro e assim por diante.

Monstros atômicos. Estes cinco mutantes super-homens foram criados para representar a Terra numa partida de basquete contra a equipe do Harlem Globetrotters em viagem pelo espaço. Cada mutante tem sua própria superpotência, desde uma capacidade de estiramento fora do comum até a de um cara que tem um canhão no peito. Farnsworth dá aos bebês mutantes uma solução "cronotônica" para fazê-los crescer a tempo para a partida, medida com a qual quase destrói o contínuo espaço-tempo.

O Tubarão Hitler. O Professor lamenta que, mesmo concordando que preservar o cérebro de Hitler seja uma boa coisa, grande parte do público seja de opinião de que transplantá-lo para o corpo de um enorme tubarão branco é ir longe demais.

Berne mortífero da marca Farnsworth. Comercializado sob a marca registrada de "Berne Mortífero da Farnsworth", esse tosco ser metálico tem mais de dois metros de altura e, em lugar de braços, um serrote que produz zumbidos ao girar e um enorme martelo que dá pancadas estrondosas. Apesar de sua aparência aterrorizante, o berne mortífero foi programado para ser amável, preferindo passear de barco movido a roda de pá a atacar.

Bomba gravitacional. O funcionamento interno da bomba gravitacional de Farnsworth é um mistério, mas o Professor salvou o mundo de muitos "saltos no tempo" com essa invenção.

Farnsworth recebeu muitas honrarias por sua disposição abnegada a usar a ciência para salvar as pessoas das ameaças que ele próprio criou. Notavelmente, Farnsworth recebeu a distinção mais importante do planeta Terra, que é a dispensada pelo governo de Richard Nixon: A Medalha Poluente da Poluição, que cospe lufadas de fumaça tóxica em seu portador. Além do mais, Farnsworth recebeu o reconhecimento de amigos e políticos por salvar o universo dos temíveis saltos no tempo provocados por sua produção de cronotônicos, fazendo uso de uma lógica flexível para resgatar uma caixa contendo o nosso universo (que ele criou) de uma dimensão paralela e doando uma arma de extermínio para destruir uma bola de lixo em órbita prestes a colidir com Nova Nova York.

Psicopatologia: a necessidade de ser reconhecido

Farnsworth anseia desesperadamente por reconhecimento e atenção, o que é o principal sintoma do *transtorno de personalidade histriônica*. Esse transtorno é caracterizado pela busca exagerada de atenção, por meio de um desempenho teatral e pelo uso constante da aparência física para chamar a atenção dos outros. No caso de Farnsworth, os sintomas dessa necessidade de chamar atenção se manifestam em vários contextos.

Busca de reconhecimento científico. Farnsworth busca a atenção da comunidade científica, especialmente em competição com seu inimigo mortal Ogden Wernstrom. Farnsworth compete com Wernstrom na busca da solução para o aquecimento global e na construção do melhor berne mortífero. Em momentos de frustração, ele chega a inventar apelidos esdrúxulos para Wernstrom.

Prazer em ser temido. Farnsworth gosta da atenção que obtém ao constituir uma ameaça para os outros. A Universidade de Marte (onde ele ensina) anuncia seu lema no portão de entrada: "O Conhecimento Provoca Medo". Em certa ocasião, Hubert dispõe-se a abandonar um de seus dispositivos de extermínio para salvar a cidade em que vive, mas apenas porque se dá conta de que continua tendo muitos outros e que não será pela desistência de um que ele deixará de ser temido.

Tendências exibicionistas. Hubert Farnsworth demonstra não ter nenhuma inibição. Quando o calor se torna excessivo em consequência do aquecimento global, ele usa uma blusa de malha colante com as mangas cortadas e um minúsculo calção de banho da marca Speedo. Nos dias de feriado por ocasião do Natal, ele é visto completamente nu.

Adora o público que o idolatra. Durante uma conferência internacional de cientistas em Kyoto, Farnsworth desce o tapete vermelho cercado por fotógrafos e é aplaudido por fãs entusiastas. Ele joga beijos para a multidão, nitidamente envaidecido por saber que é um cientista famoso em toda a galáxia.

Viver perigosamente: sem espaço para a empatia

Hubert Farnsworth criou o serviço de entrega Expresso Interplanetário para financiar suas bizarras pesquisas e comprar materiais para suas invenções estrambóticas. Sendo um cientista egocêntrico, Farnsworth não demonstra muita empatia para com seus empregados. Isso provavelmente se deve sobretudo ao fato de sua principal ambição ser a de levar seu trabalho e sua empresa a desbravar novas fronteiras. No entanto, com isso ele coloca sem dó nem piedade a vida dos outros em perigo.

Cavalheirismo à custa dos outros. Um dos empregados do antigo serviço de entrega do Professor morreu em serviço picado por uma vespa espacial. Isso provavelmente ocorreu por falta de medidas de segurança. Quando o Professor suspeitou de que sua equipe também pudesse ter morrido, ele recrutou um punhado de novos membros para substituí-la antes mesmo de saber ao certo o que havia acontecido com a antiga equipe. Diante de problemas ameaçadores à vida, a tendência do Professor era negligenciar a segurança dos outros e concentrar-se em resolver os problemas imediatos. Ele não hesitava em enviar seu pessoal em missões que sabia serem fatais. Entre elas, uma viagem ao "Planeta E. Boli", outra a um planeta controlado por robôs que abatiam todos os humanos assim que entravam em seu campo de visão e outra ainda para coletar mel das Abelhas Espaciais (a mesma missão que exterminou totalmente sua última tripulação). Ele também era capaz de mentir descaradamente, dizendo a seu pessoal que extrair gelo de um asteroide em alta velocidade era seguro. Na verdade, o fato de ele se dispor a arriscar a vida de seus empregados foi a chave para o sucesso de sua empresa, cuja propaganda apregoava: "Nosso pessoal é substituível, a entrega de suas encomendas não".

Tendência a armazenar os órgãos dos amigos. Farnsworth demonstrava uma total falta de consideração ao tratar seus empregados como se fossem bens biológicos. Em certa ocasião, apesar de garantir a um empregado que a missão seria totalmente segura, em seguida ele pediu ao comandante que lhe trouxesse o sangue dele, caso as coisas dessem errado (eles tinham o mesmo tipo sanguíneo). O Professor tampouco se abstinha de tirar vantagem monetária da morte dos membros de sua tripulação e, para isso, mantinha um banco de órgãos. Farnsworth chegou a incentivar um de seus empregados a cometer suicídio para que ele pudesse armazenar seu fígado. Para cumprir seu propósito, ele andava com uma caixa refrigerada de isopor reservada para a coleta dos "órgãos de Leela".

Hábito de mentir. Não se sabe ao certo se Farnsworth mentia para obter vantagens monetárias ou se para angariar a boa vontade de sua tripulação para empreender missões arriscadas que fariam avançar suas fronteiras científicas. Enquanto a manutenção de um banco de órgãos e a exploração dos empregados pelo Professor podem ter contribuído para o avanço da ciência, essas práticas parecem não ter contribuído para o progresso de seus negócios.

Incompetência para os negócios

O Professor podia ser um cientista brilhante, mas seu faro para os negócios era nulo. Farnsworth inventou o moderno robô enquanto trabalhava para a MomCorp, mas por suas péssimas decisões empresariais, continuou miserável, enquanto Mom tornou-se bilionária. Os robôs são utilizados em todas as partes do planeta, mas pelo visto, Farnsworth permitiu que a MomCorp ficasse com todos os lucros. Essa péssima decisão empresarial foi apenas a primeira das catastróficas decisões econômicas de Farnsworth.

A empresa de serviços expressos de entrega interplanetária do Professor esteve muitas vezes à beira da falência. Em uma delas, um erro de quatro dólares na conta bancária em favor da empresa afetou significativamente suas finanças por todo o ano. Farnsworth empregava familiares e amigos sem levar em conta sua eficiência para desempenhar as funções para as quais eram contratados. Sua equipe de entregadores era inepta, desistindo muitas vezes de fazer as entregas ao primeiro sinal de dificuldade (ou se havia algo interessante para ver na televisão). A unidade de controle, dirigida pelo robô conhecido como Controlador, praticava muitos furtos e sempre se esquivava do trabalho. Finalmente, Farnsworth contratou um médico de uma espécie alienígena com pouca competência para diagnosticar seres humanos. Como não sabia distinguir um macho de uma fêmea e não fazia ideia de para que servia cada orifício humano, o Dr. Zoidberg passou a constituir uma séria ameaça à reputação da empresa (apesar de ser um velhaco amável). Quando sua incompetência para a função foi apontada por seu próprio filho, Farnsworth ignorou a advertência. E numa ocasião em que sua propriedade da Expresso Interplanetário é questionada, Farnsworth entra correndo em sua cápsula para fugir e livrar-se de sua própria empresa falida.

Vida familiar

Afora seu romance com Mom, não existe nenhuma evidência de que Farnsworth tenha mantido outros relacionamentos amorosos (a não ser por um breve período em que voltou a ser jovem). Mesmo assim, Farnsworth foi um bom pai de família. Ele cuidava bem de seu filho de 12 anos, que foi clonado a partir de um tumor que surgiu em suas costas e que ele removeu com um garfo. Como pai zeloso, Farnsworth notou imediatamente quando seu filho clonado começou a imitar os hábitos nocivos, como beber, fumar e roubar, do robô Controlador ao vê-lo na televisão. Ao perceber que o Controlador era um mau exemplo, ou que não servia como modelo a ser seguido, Farnsworth formou o grupo de oposição "Pais Contra a Estupidez da Televisão" (PCET) para protestar contra a presença ultrajante do robô Controlador na televisão. Farnsworth chegou ao ponto de se dispor a recorrer ao uso da violência para resolver a questão, alegando que seria capaz de matar a sangue frio para proteger seu filho.

Demência e senilidade

O Professor caquético tinha mais de 160 anos de idade quando foi declarado oficialmente morto. Os efeitos dessa idade extremamente avançada se manifestavam em suas deficiências físicas e mentais, caracterizadas pelo declínio de suas funções físicas e cognitivas.

Declínio das funções físicas. O Professor usava óculos de lentes grossas, mas não se apoiava em bengala nem usava aparelho auditivo. Era evidente que o homem estava quase cego e surdo, pois mesmo sentado na primeira fileira de um cinema, ele gritava para os da frente se abaixarem. Ele também com frequência respondia a perguntas com "o quê?", deixando claro que não tinha escutado. Em certa ocasião, o Professor deu uma aula inteira sobre a "teoria das cordas de primeiríssima simetria" sem perceber que não havia nenhum aluno assistindo-a. Além das deficiências de visão e audição, Farnsworth também sofria de uma doença genética conhecida como "bexiga migratória". Em consequência de sua debilidade física, o Professor passava grande parte do tempo dormindo numa poltrona – mesmo com a poltrona automática disparando armas enquanto flutua no ar.

Declínio das funções cognitivas. A memória é uma das principais faculdades *cognitivas*, ou intelectuais, que o ser humano possui. Com o envelhecimento, a memória e outras funções cognitivas tendem a entrar em declínio. A perda da memória é um dos sintomas mais comuns da *demência*, doença caracterizada pelo declínio de diversas faculdades cognitivas. O Professor manifestou uma série de sintomas de perda de memória, entre elas a incapacidade de fazer a contagem regressiva de cinco a um. Sua perda de memória também ficou evidente a todos quando ele acidentalmente continuou repetindo por dois anos consecutivos a mesma invenção (o "relógio da morte") em suas apresentações na Academia de Inventores, esquecido de que a havia apresentado no ano anterior. Além disso, ele costumava contradizer inteiramente o que ele mesmo havia dito. Por exemplo, numa noite de Natal, ele concordou em não atirar no Controlador com uma espingarda e, em seguida, detonou o robô que havia confiado nele. Perguntado se lembrava que havia concordado em não atirar, ele gritou furioso "Não!". Além da perda de memória, o Professor sofria de outras deficiências cognitivas como, por exemplo, a confusão mental. Em certa ocasião em que faltou luz, Farnsworth gritou: "Oh, fiquei cego!"

Conclusão

O Professor Hubert Farnsworth é um inventor de genialidade sem precedentes. Seus esforços desmedidos no laboratório são compensados quando aplicados diretamente à solução de problemas do mundo real ainda a tempo de salvar a cidade e o planeta. Apesar de salvar vidas em larga escala, Farnsworth demonstra uma total falta de consideração para com as pessoas individualmente, o que em grande parte deve-se à sua necessidade de ser o centro das atenções, sem se preocupar com o impacto que suas invenções brilhantes possam ter sobre a vida de outros seres humanos. Entretanto, ele mantém boas relações com os membros da família e os amigos próximos que continuam leais a ele, apesar de suas capacidades físicas debilitadas e de suas irrupções de raiva com os punhos trêmulos.

Diagnóstico

Eixo I: Declínio das faculdades cognitivas em consequência da idade avançada; declínio das funções físicas também em consequência da idade avançada; demência.

Eixo II: Distúrbio da personalidade histriônica (farsista).

Eixo III: Deficiência auditiva.

Eixo IV: Sem diagnóstico.

Eixo V: AGF ou Avaliação Global do Funcionamento = 70 – sintomas brandos: declínio das funções físicas resultante da idade avançada; excesso de sono; representa ocasionalmente perigo para os outros.

E VOCÊ, QUER SABER SE TAMBÉM É UM CIENTISTA MALUCO?

"Todo mundo tem um pouco de cientista maluco e faz da própria vida seu laboratório. Todos nós fazemos experimentos em busca de um modo de viver, resolver problemas e nos proteger da loucura e do caos."
David Cronenberg

Os cientistas malucos homenageados nesta galeria da fama são todos portadores de uma gama de distúrbios psicológicos e compartilham do mesmo interesse em saber mais sobre a ciência à qual se dedicam. Para saber se você preenche os requisitos para ser considerado um cientista maluco, basta preencher o questionário a seguir. Os resultados indicarão se você possui as características, crenças e atitudes requeridas para fazer parte do mundo da ciência maluca e, além disso, irão ajudá-lo a escolher sua carreira profissional.

Instruções. Faça um círculo em volta do número que corresponde ao nível de verdade de cada uma das afirmações abaixo, de "totalmente falsa" a "totalmente verdadeira". Não existem respostas certas ou erradas.

	Totalmente falsa	Um pouco verdadeira	Até certo ponto verdadeira	Bastante verdadeira	Totalmente verdadeira
1. Tenho prazer em resolver complexas equações matemáticas.	0	1	2	3	4
2. Acho que um pouco de violência não faz mal a ninguém.	0	1	2	3	4
3. Tenho sempre sede de conhecimento.	0	1	2	3	4
4. Não me importo de levar 7 a 10 anos para resolver um problema.	0	1	2	3	4
5. Tenho amplo conhecimento de substâncias venenosas.	0	1	2	3	4
6. Ouço ruídos ou vozes que na realidade não existem.	0	1	2	3	4
7. Eu exulto de alegria quando estou prestes a destruir alguém.	0	1	2	3	4
8. Sinto desprezo por quem não possui o meu nível de inteligência.	0	1	2	3	4
9. Ler uma enciclopédia é uma maneira divertida de passar uma tarde.	0	1	2	3	4

	Totalmente falsa	Um pouco verdadeira	Até certo ponto verdadeira	Bastante verdadeira	Totalmente verdadeira
10. Sinto que quem não me admira como deveria merece ser destruído.	0	1	2	3	4
11. Dizem que trabalho demais ou que dedico tempo demais ao trabalho.	0	1	2	3	4
12. Amigos ou familiares acham que me comporto de maneira estranha ou excêntrica.	0	1	2	3	4
13. Eu curto muito a solidão.	0	1	2	3	4
14. Tenho habilidades e capacidades decididamente especiais.	0	1	2	3	4
15. O estudo científico de foguetes não é tão complicado assim.	0	1	2	3	4
16. Eu gostaria de explorar as fronteiras mais remotas do espaço.	0	1	2	3	4
17. Meu trabalho merece muito mais reconhecimento.	0	1	2	3	4
18. Eu costumo refletir sobre questões como expansão do universo e matéria escura.	0	1	2	3	4
19. Eu curto ler revistas científicas para saber das últimas descobertas.	0	1	2	3	4
20. Costumo resmungar ou falar em voz alta quando estou sozinho.	0	1	2	3	4

Como avaliar as respostas ao Teste do Cientista Maluco [T1]

Insira os pontos (de 0 a 4) relativos às suas respostas nos espaços em branco ao lado do número de cada questão na seguinte tabela. Some cada uma das colunas para obter seu quociente de inteligência científica e seu quociente de maluquice.

Nome: _____

	Questões relacionadas ao Quociente de Inteligência Científica	Questões relacionadas ao Quociente de Maluquice
1.		
2.		
3.		
4.		
5.		
6.		
7.		
8.		
9.		
10.		
11.		
12.		
13.		
14.		
15.		
16.		
17.		
18.		
19.		
20.		
Total		

Interpretação dos resultados em termos de Quociente de Inteligência Científica e de Maluquice [T1]

Níveis do Quociente de Inteligência Científica

0-7: Extremamente baixo/Fraquíssimo. É totalmente improvável que você venha a se tornar um cientista maluco, pois seu nível de interesse tanto pelas ciências quanto pelos estudos é extremamente baixo. Os indivíduos que atingem uma pontuação extremamente baixa nesse âmbito têm chances reduzidas de alcançar o nível de interesse científico requerido de um legítimo cientista maluco.

8-15: Baixo/Fraco. Você tem pouca chance de alcançar níveis suficientemente altos de discernimento científico para se tornar um cientista maluco. Em resumo, seu nível de interesse por assuntos científicos é muito baixo e seu desejo de aprender mais sobre ciências é mínimo. Isso significa que você pode ser tornar um criminoso de alta periculosidade (se seu quociente de maluquice for alto), mas provavelmente jamais um cientista maluco.

16-23: Moderado/Razoável. Você tem algum interesse em ciências e boas chances de conseguir desenvolver conhecimentos científicos capazes de contribuir para extraordinárias descobertas científicas. Como pela prática se chega à perfeição, dedique mais tempo a seu laboratório de química e aos livros de física.

24-31: Alto/Excelente. Este é o nível do Quociente de Inteligência Científica de muitos cientistas malucos. As pessoas que estão nesta categoria têm grandes chances de realizarem façanhas científicas e invenções extraordinárias. É muito provável que você curta resolver problemas complexos de matemática e tenha prazer em realizar projetos experimentais, além de ter tudo que é necessário para se tornar um daqueles cientistas pra lá de malucos.

32-40: Extremamente alto/Extraordinário. Seu interesse científico não tem limites e seu potencial para inventar máquinas maravilhosas e fazer descobertas extraordinárias é fenomenal. Se você alcançou essa pontuação, é muito provável que já seja um cientista. As pessoas que se encontram neste nível extraordinário não apenas entendem de ciência, mas também encontram um prazer fora do comum em tudo que tem a ver com ciência.

Níveis do Quociente de Maluquice

0-7: Extremamente baixo/Fraquíssimo. É totalmente improvável que você venha a se tornar um cientista maluco, uma vez que não apresenta absolutamente nenhum sintoma de desequilíbrio mental ou de psicopatologia. Com tal perfil de primorosa saúde mental, você pode se tornar um cientista, mas jamais um cientista maluco.

8-15: Baixo/Fraco. Seus sintomas de insanidade são de níveis muito baixos e você tem poucas chances de alcançar a instabilidade mental requerida para se tornar um cientista maluco. Suas características mentais e emocionais encontram-se provavelmente dentro dos limites da normalidade, o que não acontece com a maioria dos cientistas malucos.

16-23: Moderado/Razoável. Você apresenta alguns dos sintomas psicopatológicos responsáveis pela classificação de um cientista como "maluco". Isso quer dizer que você tem boas chances de expandir e aperfeiçoar seu repertório de comportamentos incomuns e excêntricos. Você é capaz de alcançar um quociente mais elevado de maluquice no futuro se praticar com afinco e/ou cultivar o desprezo pelo convívio social.

24-31: Alto/Excelente. Os indivíduos que apresentam níveis elevados dos sintomas psicopatológicos típicos dos cientistas malucos têm chances excelentes de se tornarem eles próprios brilhantes cientistas malucos. Se você alcançou essa pontuação é porque apresenta muitos sintomas semelhantes aos apresentados pelos cientistas malucos desta galeria da fama. Se somar a isso um alto quociente de inteligência científica, pode ter a certeza de que seu jaleco impecavelmente branco logo estará manchado de sangue.

32-40: Extremamente alto/Extraordinário. Você apresenta os mesmos elevados níveis sintomáticos dos problemas psicológicos típicos dos cientistas malucos. Se seu Quociente de Inteligência Científica também for alto, pegue um bico de Bunsen e desça correndo para o laboratório no porão.

Interpretação do perfil global

Se a pontuação que você alcançou corresponde ao nível Alto ou Extremamente Alto tanto do Quociente de Inteligência Científica quanto do Quociente de Maluquice, você está perfeitamente qualificado para ser um cientista maluco. Se alcançou o nível Alto ou Extremamente Alto apenas do Quociente de Maluquice ou apenas do Quociente de Inteligência Científica, talvez você tenha de se esforçar para melhorar sua pontuação (ver sugestões a seguir). Se sua pontuação corresponde ao nível Moderado ou Baixo, tanto do Quociente de Inteligência Científica quanto do Quociente de Maluquice, talvez seja o caso de você considerar a possibilidade de trabalhar como assistente ou criado de um cientista maluco, bajulando-o no papel do lacaio com horrendas deformações.

Sugestões para aumentar seu Quociente de Inteligência Científica

⚡ Tenha sempre um caderno à mão para fazer anotações sobre as peculiaridades zoológicas de seus animais de estimação, amigos e colaboradores.

⚡ Não hesite em ser o piloto de prova de suas invenções, mas lembre-se de que, se for uma máquina voadora, ela deve permanecer presa à terra no primeiro experimento.

⚡ Se você acha que a empreitada é muita areia para seu caminhãozinho, faça amizade com algum político influente tipo Stálin.

- Curta a ciência entregando-se a uma aventura intrépida de descoberta científica: seja o comandante de seu próprio submarino, o manejador de seu próprio instrumento cirúrgico e o semideus de sua própria espécie de mutantes híbridos humanos-animais.
- Quando as vítimas de seus experimentos suplicarem por misericórdia, não fique passivamente apenas ouvindo suas súplicas, mas use um medidor de decibéis para determinar a altura e o tom de seus gritos e anote os resultados.
- Se constatar que a moralidade de seus experimentos científicos está sob constante julgamento de seus semelhantes, refugie-se numa fortaleza moral como, por exemplo, uma ilha vulcânica abandonada.
- Lembre-se de empregar as armas de extermínio que possui como vantagem para assegurar o dinheiro ou recursos necessários para a continuidade de suas pesquisas.
- Não desperdice seu tempo com detalhes insignificantes; quando for se vestir, coloque qualquer roupa que encontrar pela frente ou tenha várias peças idênticas.
- Sinta-se à vontade para fazer experimentos com novas e estranhas substâncias químicas misturadas no laboratório ou coletadas em expedições solitárias a selvas nunca dantes desbravadas.

Sugestões para aumentar seu Quociente de Maluquice

- Passe mais tempo sozinho (no porão ou numa ilha deserta, se possível).
- Se trabalhar sozinho obstrui o avanço de sua pesquisa científica, procure contratar empregados que não falem a mesma língua, tenham sido submetidos a uma lobotomia e/ou sejam portadores de deformidades físicas grotescas.
- Cultive hábitos e rituais excêntricos – são eles que fazem de você o ser único que é!
- Pare de se preocupar com os outros.
- Crie sua própria linguagem; seja o único a falá-la.

- Não julgue as pessoas por sua beleza ou inteligência, mas por seu tipo sanguíneo e pelo formato de sua íris.
- Concentre sua mente para estabelecer contato mental com os habitantes de Vênus, os espíritos do além ou as forças elementares da natureza.
- Se você passou a vida procurando se vingar de pessoas que o trataram injustamente, fale sobre isso! As pessoas ao seu redor estão realmente interessadas em saber, pode apostar.
- Não tenha receio de expressar o que quer que seja em voz alta.

Referências Bibliográficas

Para saber mais sobre cientistas malucos e psicologia em geral, recomendamos a leitura dos seguintes livros:

Baer, J. S. Marlatt, G. A. e McMahon, R. (orgs.). *Addictive behaviors across the lifespan: Prevention, treatment, and policy issues*. Newbury Park, CA: Sage Publications, 1993.

Blass, T. *The man who shocked the world: The life and legacy of Stanley Milgram*. Nova York: Basic Books, 2004.

Cockburn, A. e St. Clair, J. *Whiteout: The CIA, drugs, and the press*. Nova York: Verso, 1998. [a respeito de Sidney Gottlieb].

Field, A. *Auguste Piccard: Captain of space, admiral of the abyss*. Boston: Houghton Mifflin Company, 1969.

Frauenfelder, M. *The world's worst: A guide to the most disgusting, hideous, inept, and dangerous people, places, and things on earth*. Nova York: Chronicle Books, 2005. [inclui um capítulo sobre Sidney Gottlieb, "o mais maluco dos cientistas malucos"].

Frayling, C. *Mad, bad and dangerous? The scientist and the cinema*. Londres: Reaction Books, 2005.

Godfrey, D. *Philo T. Farnsworth: The father of television*. Salt Lake City, UT: University of Utah Press, 2001.

Goldsmith, B. *Obsessive genius: The inner world of Marie Curie*. Nova York: W.W. Norton, 2005.

Hergé. *The Adventures of Tintin*: Volumes 1-5. Nova York: Little, Brown & Company, 1979.

Hunt, M. *The story of psychology*. Nova York: Doubleday, 1993.

Milgram, S. *Obedience to authority*. Nova York: Harper-Collins, 1974.

Nahin, P. *Oliver Heaviside: The life, work, and times of an electrical genius of the Victorian Age*. Baltimore: Johns Hopkins University Press, 2002.

Nichols, B. *Father figure*. Nova York: Simon & Schuster, 1972.

Passer, M. W. e Smith, R. E. *Psychology: The science of mind and behavior* (3a. edição). Boston: McGraw-Hill, 2007.

Pendle, G. *Strange angel: The otherwordly life of rocket scientist Jack Whiteside Parsons*. Orlando, FL: Harcourt, 2005.

Piccard, J. *Seven miles down: The story of the bathyscaph Trieste*. Nova York: G. P. Putnam's Sons, 1961.

Putnam, S. e Stifter, C. "Behavioral approach-inhibition in toddlers: Prediction from infancy, positive and negative effective components, and correlations with behavior problems". *Child Development*, 76, p. 212-226, 2005.

Rohner, R. P. *The warmth dimension: Foundations of parental acceptance-rejection theory*. Newbury Park, CA: Sage Publications, 1986.

Roll-Hansen, N. *The Lysenko effect: The politics of science*. Amherst, NY: Humanity Books, 2005.

Schatzkin, P. *The boy who invented television: A story of inspiration, persistence, and quiet passion*. Terre Haute, IN: Tanglewood Books, 2004.

Shelley, Mary. *Frankenstein*. Nova York: Simon & Schuster, 2004.

Siefer, M. *Wizard: The life and times of Nikola Tesla; Biography of a genius*. Secaucus, NJ: Carol Publishing Group, 1996.

Soyfer, V. *Lysenko and the tragedy of Soviet science*. New Brunswick, NJ: Rutgers University Press, 1994.

Stacy, A., Widaman, K. e Marlatt, G. "Expectancy models of alcohol abuse". *Journal of Personality and Social Psychology*, 58, p. 918-928, 1990.

Stevenson, Robert Louis. *The strange case of Dr. Jekyll and Mr. Hyde*. Nova York: W. W. Norton, 2002.

Verne, Jules. *20.000 Leagues Under the Sea*. Nova York: Sterling, 2006. (Edição completa de clássicos).

Wells, H. G. *The Island of Dr. Moreau*. Cayce, SC: Magnum, 1968.

Zuckerman, M. "Sensation seeking: A comparative approach to a human trait". *Behavioral and Brain Sciences*, 7, p. 413-471, 1984.

Agradecimentos

Somos especialmente gratos a nosso agente, Laurie Fox, por ter ousado assumir esse projeto.

Agradecemos a Brian Long, físico maluco cuja genialidade incentivou nossa parceria a desenvolver o projeto "cientista maluco".

Nosso muito obrigado a Adam Korn e Danielle Chiotti da Kensington Books. E a nossos amigos, professores e colegas, tanto pelo estímulo quanto pelos conhecimentos de ciência e psicopatologia: Chris Atkeson, Hamida Bosmajian, Nicole Bush, Lara Embry, Leo Faddis, Corey Fagan, Stuart Greenberg, Melissa Herman, Jonathan Katz, Erica Kovacs, Wand Kertzman, Kathleen LaVoy, Liliana Lengua, Robert McMahon, Tonya Palermo, Kurt Freeman, Erin Usher e Liza Zaidi.

E finalmente, nossos agradecimentos a você, Johnny Five.